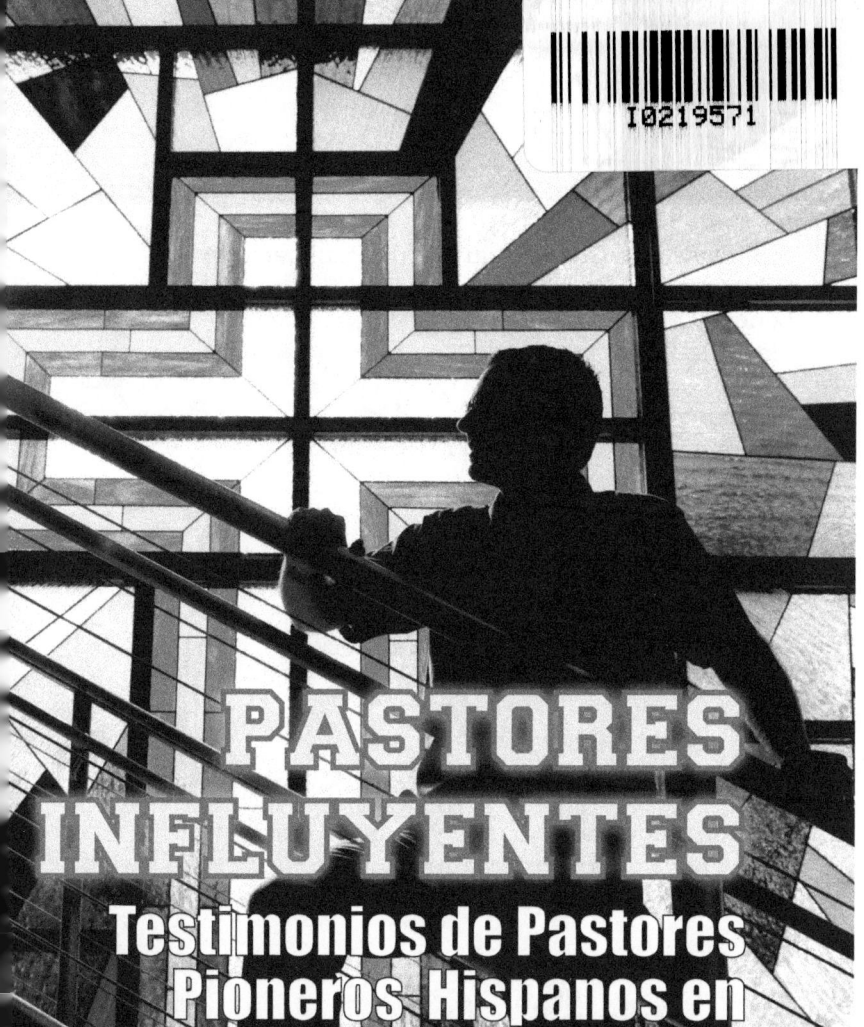

PASTORES INFLUYENTES
Testimonios de Pastores Pioneros Hispanos en la Región US-Canadá

Publicado por Casa Nazarena de Publicaciones
USA-Canada
Lenexa, Kansas (USA)
Mayo de 2016

Pastores Influyentes
Misiones Hispanas, Región US-Canadá
Iglesia del Nazareno

Copyright © 2017
Casa Nazarena de Publicaciones
Reservados Todos los Derechos

ISBN: 978-1-56344-850-8

Edición, redacción, diseño y formato por
José Pacheco, *jospacheco@aol.com*
RED, Grupo Editorial —*http://eytec.org/services.html*

Foto de cubierta : Marcus Emerson, Point Loma Nazarene University

Las citas bíblicas se han tomado de la *Biblia Reina-Valera Revisión 1960,* de las Sociedades Bíblicas Unidas, a menos que se especifique otra versión diferente directamente en el texto.

Contenido

Introducción
    José Pacheco / 4

Prólogo / 5
    Roberto Hodgson

Semblanza biográfica pastoral / 9
    José Alfaro, Chicago, Illinois

Un milagro del amor de Dios / 27
    José González

Gratitud a Dios y a mi iglesia / 47
    Moisés Márquez Fernández

La historia de un pastor de almas / 57
    Alejandro Sandoval

"Hermosa es la heredad que me ha tocado" / 87
    Carlos David Sol

Conclusión / 120
    La redacción

Introducción

DE UNA U OTRA MANERA, TODOS EJERCEMOS Y RE-CIBIMOS INFLUENCIA DE O SOBRE LOS DEMÁS. Unos para bien, otros para mal.

Según el *Diccionario de la Real Academia Española,* "influir" significa "producir ciertos efectos... ejercer predominio o fuerza moral". Bien dicho, en particular en lo que se refiere a "pastores influyentes".

Al redactar esta obra, vino a mi memoria el recuento de la influencia de mis pastores desde mi niñez hasta el presente. Y le doy gracias a Dios por todos ellos. Habiendo ejercido el ministerio del pastorado yo mismo, honro y reconozco la labor pastoral como uno de los llamamientos más sublimes al que ser humano pueda aspirar.

El pastor, con su influencia, es usado por Dios para formar carácter, moldear vidas, guiar a su pueblo por la senda del bien personal y de los demás. Jamás se podrá medir, humanamente hablando, el profundo valor de la influencia que un pastor ejerce sobre su pueblo.

Estas historias de cinco pastores que han ministrado y algunos siguen ministrando en Estados Unidos, comprueban la tesis de esta obrita. Que Dios bendiga y siga usando a muchos "pastores influyentes"

—*José Pacheco*
Editor de Publicaciones Hispanas, USA-Canadá

Prólogo

EL MINISTERIO PASTORAL EN ESTADOS UNIDOS Y CANADÁ no es tarea fácil en la realidad de un contexto multicultural. La cultura hispana/latina en estos dos países es totalmente diferente de la de nuestros países de origen. El ministerio pastoral, incluye una complejidad de las circunstancias de nuestro pueblo hispano/latino particularmente con los nuevos inmigrantes por ejemplo: familias y hogares divididos por las distancias; hombres y mujeres solos que dejaron a sus familias en sus países de origen y a quienes tienen que sostener desde acá; la soledad de nuestros inmigrantes indocumentados, por la que recurren a todos los medios para combatirla… en fin, quienes logran desarrollar un ministerio fructífero y creciente en estos países, merecen la categoría de "héroes de la fe".

En este libro el lector se sentirá inspirado por las historias de logros personales, así como de fundación de misiones e iglesias, de cinco de nuestros pastores nazarenos que han ejercido enorme influencia en sus feligreses, en sus comunidades y a nivel nacional algunos de ellos.

En lo personal fui pastor de la Primera Iglesia Hispana en Washington, D.C. (1986-1992) y experimenté de primera mano la complejidad del ministerio pastoral Hispano/Latino.

También ministré como Coordinador de Ministerios Hispanos en el distrito de Washington (1992-2002), y pude caminar con los pastores y plantadores de iglesias en los desafíos muy particulares de ministrar en un contexto multicultural, bilingüe de los niños y jóvenes nacidos en estos dos países, al igual que la gran diversidad cultural y socio-económica de nuestro pueblo hispano/latino. Desde 2002 hasta el presente he ministrado como Director de Misiones Hispanas para la región, apoyando y caminando con los pastores y ministros en el cumplimiento de su llamado al servicio del reino de Dios: ***"Hacer Discípulos Semejantes a Cristo en las Naciones"***.

Conozco personalmente la trayectoria de los pastores que están compartiendo en este libro, al igual que la de otros muchos que podríamos mencionar. Ellos han marcado con sus ministerios pastorales una diferencia en las vidas de las personas que han ministrado, también como líderes para guiar y compartir sus experiencias pastorales con otros pastores y líderes.

"Apacentad la grey de Dios que está entre vosotros, cuidando de ella, no por fuerza, sino voluntariamente; no por ganancia deshonesta, sino con ánimo pronto; no como teniendo señorío sobre los que están a vuestro cuidado, sino siendo ejemplos de la grey. Y cuando aparezca el Príncipe de los pastores, vosotros recibiréis la corona incorruptible de gloria" (1 Pedro 5:2–4, Reina-Valera Revisada 1960).

Le invitamos a gozarse con las victorias de estos cinco pastores de mucha influencia en su pueblo y comunidad, así como a *"llorar con los que lloran"* al leer sus experiencias en el desarrollo de sus ministerios. También le invitamos a seguir orando y apoyando la obra hispana/latina de estos dos enormes países que, a su vez, ejercen tremenda influencia no solo en nuestros países de habla hispana, sino en todo el mundo. Y no solo en lo político, sino en el lugar que ocupan como enviadores de misioneros *"hasta lo último de la tierra"*. ✞

Dr. Roberto Hodgson
Director de Ministerios Multiculturales/Hispanos
Región US-Canadá, Iglesia del Nazareno

Semblanza Biográfica Pastoral

Dr. José Alberto Alfaro
Primera Iglesia del Nazareno Hispana
de Chicago, Illinois
Pastor de la iglesia desde 1971 hasta hoy

Ministerio en orden cronológico

Estudios:

Bachiller en Ciencias y Letras, Liceo Romano Guatemalteco; Bachiller en Teología, Seminario Nazareno de las Américas, Costa Rica; Licenciado en Teología, Universidad Dr. Mariano Gálvez, de Guatemala; Doctor en Divinidades, H/c., Olivet Nazarene University; Doctor en Teología, H/c, Seminario de Santidad de Tegucigalpa, Honduras C.A.

Ministerio:
Como estudiante: Inicio de la Iglesia del Nazareno en Coronado, Costa Rica, 1971.

Como Pastor:
Iglesia del Nazareno de Tactic, A.V. Guatemala, 1972-1979.
Re-inicia Iglesia del Nazareno en Tamahú, A.V., Guatemala.
Inicia Iglesia del Nazareno en Saczamaní, A.V., Guatemala.
Inicia Iglesia del Nazareno en Santa Cruz, A.V., Guatemala.

Profesor:
Instituto Teológico Nazareno, Ciudad Guatemala, 1979-1985.
Inicia Iglesia del Nazareno Alameda 3, Ciudad Guatemala.
Inicia Iglesia del Nazareno Bellos Horizontes, Guatemala.
Inicia Iglesia del Nazareno Zona 2, Ciudad Guatemala.
Universidad Dr. Mariano Gálvez de Guatemala, 1983-1985

Pastor:
Primera Iglesia del Nazareno Hispana de Chicago, Illinois, 1985-2017.
Inicia el Instituto Teológico Nazareno en Chicago, 1987.

Iglesias fundadas:
Iglesia del Nazareno Mundelein, Illinois,
Iglesia del Nazareno (Highwood), North Chicago, Illinois,
Iglesia del Nazareno Blue Island, Illinois,
Iglesia del Nazareno Aroma Park, Illinois

Iglesia del Nazareno Summit, Illinois,
Iglesia del Nazareno West Chicago,
Iglesia del Nazareno Kenosha, Wisconsin,
Iglesia del Nazareno Emanuel, Chicago, Illinois,
Iglesia del Nazareno Rusa, Mount Prospect, Illinois,
Iglesia del Nazareno Ebenezer, Chicago, Illinois,
Iglesia del Nazareno en Elgin, Illinois,
Iglesia del Nazareno en Crystal Lake
Iglesia del Nazareno Mount Prospect, Illinois,
Iglesia del Nazareno Ebenecer, Chicago IL
Iglesia del Nazareno Highland Park, Illinois,

Semblanza biográfica

Inicié mis estudios teológicos en el Seminario Nazareno de las Américas en San José Costa Rica en 1970; mi plan era prepararme para ser un Profesor de Biblia, sin saber que el plan de Dios apuntaba al ministerio pastoral.

Por lo regular, cuando somos llamados por el Espíritu de Dios al ministerio, no lo entendemos, pero nos sentimos motivados e impulsados a servir y hacer cosas que un ministro con madurez y experiencia no las haría. El valor es una de las cualidades en el ministerio, además de la fe en Dios. Si hubiese entendido lo que significaba viajar con mi esposa, Irma, y mis dos pequeños hijos, Héctor y Xiomara, al Seminario Nazareno de las Américas de San José, Costa Rica, solo con tres quetzales, equivalente a tres dólares, nuestros pastores me hubiesen aconsejado que no hiciera ese viaje de tres días. Aunque yo lo ignoraba, Dios tenía el control y proveyó para que con mi esposa y mis dos pequeños hijos fuéramos hasta San José, Costa Rica, sin que nos faltara algo.

Tampoco sabía por qué me atreví a predicar en una calle no transitada por vehículos del pueblo de Coronado, en Costa Rica, pero muchos aceptaron la invitación del equipo de estudiantes asignados para evangelizar el área. Ese día Dios bendijo mi alma cuando vi a 11 personas doblar sus rodillas y recibir a Jesús en su corazón. Esa misma semana rentamos un local en la calle principal y asé se inició la Iglesia del Nazareno de Coronado.

Tres meses más tarde tuve que salir y dejar la siembra en manos de Sergio Mayorga y su esposa Heriberta Acosta, compañeros estudiantes, quienes la recibieron, la cultivaron y la llevaron hasta su organización. Creo que en ese tiempo sabíamos más de valor que de fundar una iglesia, solo éramos estudiantes y no nos habían enviado a sembrar sino a evangelizar.

A nuestro regreso a Guatemala, nos recibió la Iglesia del Nazareno de Tactíc, Alta Verapaz. Para ese entonces ya éramos tres de familia y dos más que estaban por nacer. El ministerio en Tactíc nos proveyó de una rica experiencia; trabajamos con dos culturas, la hispana y la pocomchí, obviamente con intérprete para el idioma aborigen.

En este punto debo enfatizar mi encuentro con una agradable sorpresa, el Rdo. Daniel Ac, quien me entregó la pastoral, había realizado un excelente trabajo de discipulado entre los pocomchíes, de modo que muy pronto noté el crecimiento entre ellos, entregados por completo a Jesucristo, fieles y serviciales. Cuando les hablamos de la importancia de la oración y el ayuno se consagraron de tal modo que comenzaron a ocurrir milagros. La iglesia creció en conocimiento y se multiplicó en número, se notaba el Espíritu de Dios moviéndose en la congregación y en el pueblo.

Había varios intérpretes y su tiempo conmigo era de escuela; llegaron a ser excelentes predicadores, además fueron de gran apoyo a la misionera Elizabeth Sedat, quien se dedicaba a trabajar en la traducción del Nuevo Testamento y un diccionario al idioma pocomchí. Su influencia fue de gran provecho para ellos, así que fueron usados por el Espíritu Santo para iniciar misiones que más tarde se fueron organizando como iglesias.

Debo decir que la Iglesia del Nazareno de Tactic, no solo me proveyó la oportunidad de adquirir experiencia pastoral, sino que nos hicieron sentir su amor y también un cuidado muy especial. Los que tenían sus haciendas nos daban leche, crema, quesos; los que tenían hortalizas, suplían toda clase de verduras y, los pocomchíes, conocían lo que es dar las primicias de sus primeros frutos y de sus gallinas, así que tuvimos abundante comida. Los miembros cuidaron que no nos faltara nada y, además, nos dieron un salario digno. Muchos de los pocomchíes vivían muy lejos, para visitarlos había que caminar muchas horas en caminos de herradura.

Fuimos invitados a participar en el programa radial "Dios es amor" en un horario de campo, entre las 4:00 y 5:00 de la mañana tres veces por semana. El fruto de esa proyección del evangelio me sorprendió. Cierta tarde como a las cinco, apareció un grupo como de unos 20 hombres preguntando por el pastor de la iglesia. Sentí temor porque en ese tiempo hubo muchos secuestros y matanza en mi país. Al verlos tuve miedo y le pedí al Señor que me librara del peligro que yo veía y me atreví a preguntar: "¿Para qué buscan al pastor?" Y su respuesta fue: "Queremos hablarle, venimos de Saczamaní (finca ubicada en las montañas de Alta Verapaz, a unos 60 km de Tactic) y queremos conocer a nuestro pastor. Cuando tuve valor para decirles que yo era el pastor, el líder se me acercó, abrió los brazos y me dio un gran abrazo. Inmediatamente me contó que escuchaba el programa "Dios es amor" en el idioma pocomchí y que anotaba los textos y las enseñanzas para luego compartirlas por las tardes con los vecinos. Había ganado unos 60 adultos y estaba liderando prácticamente una iglesia.

Los invité a tomar café y a comer pan, que era todo lo que podíamos ofrecer en esa ocasión, mientras me contaban más de su experiencia. El líder puso sobre la gran mesa una bolsa, la cual vació y ante todos dijo: "Estos son los diezmos de un año". Mientras tanto otro hermano puso otra bolsa y al vaciarla sobre la mesa dijo: "Y estas son las primicias que hemos traído, son el producto del maíz y el café que cosechamos en nuestras tierras". Para ese tiempo el dinero contado era bastante y con ello comenzamos a construirles su propio templo. Ellos habían adquirido, del dueño de la finca, un terreno como regalo para construir su templo. El Superintendente del Distrito el Rev. Alfonso Barrientos, se encargó de darles un pastor para seguimiento y organizar la nueva iglesia, producto del ministerio radial de nuestra iglesia.

Durante mi pastorado en Tactic, también tuvimos la oportunidad de re-iniciar la Iglesia del Nazareno de Tamahú A.V., que por alguna razón ya no existía, pero aún estaba el templo, lo cual nos dio la oportunidad de re-iniciarla, y más tarde organizarla y ponerla en manos del distrito. Luego el Señor nos abrió oportunidad de conocer a una familia en Santa Cruz, A.V., y por medio de ellos y en su casa pudimos iniciar la nueva Iglesia del Nazareno de Santa Cruz, A.V., que creció, fue organizada y entregada a nuestro distrito correspondiente.

Nuestra experiencia en aquella región nos motivó para seguir sembrando en otros lugares donde Dios nos ha abierto las puertas. Durante el tiempo de nuestro ministerio pastoral en Alta Verapaz, Guatemala, también el Señor me permitió avanzar en mi educación. Ingresé a la Universidad Evangélica Dr. Mariano Gálvez, de Guatemala, lo que me llevó a tomar la decisión de procurar mi traslado a la ciudad de Guatemala, donde el Señor me abrió puertas para servir como profesor en el Instituto Teológico Nazareno de Guatemala (ITN), a la vez que avancé como estudiante en la Universidad.

Mientras enseñaba y dirigía a los estudiantes del ITN, asignándoles iglesias para su práctica e integración pastoral, así como supervisarlos, el Señor puso en mí el deseo de enseñar a los estudiantes del último año en el ITN, cómo iniciar nuevas iglesias y, por supuesto, pastorearlas. De esa forma comenzamos el evangelismo casa por casa en la colonia residencial "Alameda 3", ubicada muy cerca de las instalaciones del Instituto. Desde el principio asigné a dos de nuestros estudiantes que estaban por graduarse, como pastor a Leonel de León y como su pastor asociado a Roberto González, para que las personas que atendieran a nuestros servicios supieran que tenían un pastor a quién acudir. Era tiempo de cosecha y muy pronto se procuró una organización provisional, lo que significó celebrar servicios formales en varios hogares que muy amablemente nos abrieron las salas de sus casas. Ocho meses después de iniciar la evangelización del área, entregábamos la nueva Iglesia del Nazareno de Alameda 3, al Rev.

Joel Buenafé, Superintendente del Distrito en la ciudad de Guatemala, quien la declaró organizada. Para ese entonces ya nos habían prestado una enorme sala en casa de la hermana Juantá.

La misma fórmula aplicamos para sembrar y organizar la Iglesia del Nazareno "Bellos Horizontes" dos años después, en la Zona 21 de la ciudad de Guatemala, donde los estudiantes nicaragüenses, Roger Bello y su esposa Argentina, fueron instalados como pastores.

Una experiencia similar, solo que con una variante anticipada, nos llevó a iniciar y organizar la Iglesia del Nazareno en la Zona 2, las tres en la ciudad de Guatemala. El Rev. Arnoldo Izaguirre como pastor y, este servidor, como su asociado, iniciamos reuniones en la casa de la familia Estrada en la Zona 1 de la capital. Muy pronto se dio la necesidad de buscar un lugar más amplio para ministrar a la creciente congregación. Fue así como el Rev. Izaguirre encontró la casa y el terreno de la Zona 2, donde actualmente se encuentra ubicada la Iglesia.

Mientras ejercía mi ministerio como profesor y capellán de los estudiantes en el ITN en Guatemala, recibí una llamada por teléfono de un hombre que estaba ingresando al Hospital General "San Juan de Dios" en la ciudad, porque en su pierna padecía de gangrena y corría el riesgo de que se la amputaran. Necesitaba que alguien hiciera oración por él; estaba angustiado y pensaba que un milagro podría ocurrir si alguien le pedía a Dios por su situación. Yo no entendí por qué me escogió, ya que no aparecía como pastor en la guía telefónica, no era pastor de una iglesia y tuve que decirle que no podía ir al hospital, pues estaba convaleciendo y aún estaba en cama en casa. Me sorprendió cuando me dijo resueltamente que si yo no podía venir al hospital que él haría el viaje hasta la casa para que orara por él. Aun cuando podía orar por medio del teléfono, me dijo: "¡No, yo voy para su casa ahora mismo!"

No tuve más alternativa que prepararme y esperarlo. Una hora después estaba en la puerta de casa, lo pasé adelante y le pregunté cómo se había enfermado de gangrena. Me explicó que operando una máquina en la fábrica donde trabajaba, una faja se rompió y lo hirió en la pantorrilla de su pierna derecha. Entonces se subió la manga de su pantalón como pudo, se quitó la venda poco a poco y quedó al descubierto una llaga negra, luego la vendó de nuevo y me pidió que orara por él. Le pregunté si era evangélico y me dijo que no. Entonces le dije que antes de orar le explicaría el plan de salvación en Jesucristo. Consintió y, cuando recibió a Jesús en su corazón, le pedimos al Señor que pusiera su poder sanador y no permitiera que le quitaran su pierna. Al terminar de orar, lo invité a comer, ya era la hora de la cena, y cuando nos disponíamos a dar gracias a Dios por los alimentos, me detuvo y me dijo: "Tengo que irme, no puedo quedarme a comer, afuera en la calle está una compañera esperándome". Le pregunté por qué no la trajo con él a la casa, entonces me dijo que quería hablar con la verdad:

"Le he dado mi vida a Dios, he recibido a Jesús en mi corazón y ya no voy a mentir, no puedo ocultarle nada; yo soy guerrillero y no estaba en una fábrica sino en una confrontación con el ejército y una bala me hirió mi pierna".

Mientras me hablaba lloraba como niño. Dimos gracias, comimos y como me sentí fortalecido en mi salud, le dije que lo llevaría en mi auto al hospital. Al salir a la calle, vimos a una joven de pie a manera de guardia, con los brazos cruzados, uno dentro de su chaqueta. Sostenía un arma que pude ver cuando entró al auto, avanzamos hacia la ciudad y a un kilómetro de distancia había un retén del ejército revisando automóviles.

Al verlos pensé lo peor, oré en mi mente y traté de detenerme como lo hacían los demás. Un soldado me indicó que continuara y le di gracias a Dios por salvarnos. Unos tres kilómetros adelante otro retén de la policía estaba revisando más automóviles e intenté detenerme, pero otro policía nos indicó continuar. De nuevo le agradecí al Señor por salvarnos una segunda vez en menos de 15 minutos. Los dejé en la puerta del hospital y regresé al ITN, esta vez, los dos retenes me detuvieron, revisaron mi auto y llegué a casa muy agradecido con Dios por su cuidado. En el ministerio uno puede admirar cómo Dios nos guarda vez tras vez de la misma muerte. También puede aprender que cuando servimos al Señor de la iglesia, tenemos el respaldo y el cuidado divino a nuestro favor.

Recuerdo que durante nuestro ministerio en el pueblo de Tactic, A.V., que ya mencioné, con mi intérprete el hermano Vicente Bin, fuimos a visitar a una familia que vivía en una aldea no lejos del pueblo. Había allí un muchacho (lo llamaremos Juan, nombre ficticio) adolescente con fiebre muy alta, por una gangrena en una de sus piernas. Su madre no quería llevarlo al hospital de Cobán porque tenía miedo que allí se muriera su hijo. La convencimos de que era lo mejor para la salud del muchacho y finalmente nos permitió llevarlo al hospital.

En el hospital de Cobán nos informaron de la posibilidad de amputarle la pierna a Juan, nos pidieron donar sangre y comenzaron un tratamiento con la esperanza de salvarle la pierna. Unos días más tarde nos informaron que la gangrena estaba cediendo y el porcentaje de salvar la pierna de Juan era ya bastante alto.

Unos meses después, en un culto dominical, se me acercó Juan, me abrazó y luego me dio las gracias por llevarlo al hospital. También me dijo que en gratitud había decidido quedarse a vivir con nosotros y servirnos. Le hablé y recordé que tenía que velar por su madre. Me dijo que ella estaba de acuerdo en que se quedara a vivir con nosotros. Hablando de eso, la madre apareció y nos confirmó su acuerdo de que Juan nos sirviera en casa.

Finalmente así fue, se quedó en casa ayudándonos en todas las cosas y también trabajando conmigo como intérprete en mi tiempo de visitación. Resultó ser un joven muy inteligente y dominaba bien los idiomas kekchí y pocomchí, así como nuestro idioma castellano. Pasados unos años, Juan me dijo que quería ir al Petén, allí estaban donando tierras a los campesinos y deseaba hacer su propia vida. Le di mi bendición y se fue.

Pasado un año, supimos que la guerrilla en el Petén lo había reclutado y como descubrieron que era muy talentoso lo enviaron a Cuba, luego a Rusia, donde lo habían preparado para enviarlo de regreso como comandante de grupo en la zona de Alta Verapaz. En medio de ese tiempo (1978) un grupo de indígenas de las dos etnias, kekchí y pocomchí, me pidieron ayuda para elaborar un documento por medio del cual solicitaban al Instituto de Transformación Agraria (INTA), se les donara tierra que estaba baldía y ubicada en Chisek, Alta Verapaz. Ellos convocaron a más de 100 personas y firmaron el documento. Ese hecho dio como resultado que la guerrilla me consideraran involucrado en la obtención de aquellas tierras y pusieran mi nombre en la famosa "lista negra", en la que tenían muchos nombres de sentenciados a muerte

Fui informado varias veces. Muchos de la lista ya habían sido asesinados y, mi amigo Daniel Ac, quien recibía las noticias, me pidió varias veces que me fuera del país, porque mi nombre cada vez estaba más cerca de los que iban siendo asesinados, entre ellos su propio yerno y muchos hermanos miembros de nuestra iglesia en Alta Verapaz. Volviendo a Juan, a su regreso a las montañas de Chiseck en Alta Verapaz a donde fue asignado, vio las listas colocadas en las aldeas y en las afueras de las poblaciones y notó que mi nombre estaba allí. Luego pidió que recogieran todas las listas y convocó a los jefes de grupo de la guerrilla de aquella zona. Les pidió que trajeran todas aquellas listas y les dio fecha y hora para hablar con ellos.

La noche en que se reunieron llevaron cientos de listas y Juan tomó una y apuntó con su dedo mi nombre, y preguntó: "¿Quién es este hombre?", y ellos dijeron: "Es pastor de una iglesia en Tactic". Él les dijo: "Ese hombre es como mi padre y, ¡ay de aquél que intente hacerle algo! A él le debo la vida, él hizo lo que mi propio padre no hizo por mí". Pidió que quemaran las listas para desaparecer mi nombre de la sentencia de muerte. Era el año 1983.

Muchos otros detalles de esta historia aparecerán en el libro que estoy escribiendo, no solo como biografía, sino como teología práctica, pues el ministerio pastoral no es solo historia de nuestras experiencias, sino también cuestión de hacer el trabajo que el Señor Jesucristo nos envió a hacer, lo que nos expone y lo que nos bendice.

El Ministerio en Estados Unidos

En Julio de 1985, fui invitado a pastorear la "Primera Iglesia del Nazareno Hispana de Chicago", la cual fue organizada por el Superintendente del Distrito Central de Chicago, Dr. Keith Bottles, el primer día de enero del año 1985. Era una iglesia recién nacida y a la vez compuesta de tres nazarenos y por algunos ex-miembros de otras denominaciones cristianas y varios recién convertidos, lo que constituyó un desafío para nuestro ministerio. El domingo 15 de Septiembre de 1985, iniciamos oficialmente.

Mis sueños para el ministerio en Chicago eran que la Iglesia que me habían asignado llegara a crecer y a multiplicarse. Me vi como un profesor de educación teológica, formando ministros con la ayuda de Dios y de mi iglesia. Me había educado para eso y también adquirí la experiencia para hacerlo. Esa fue mi oración ante Dios y el Señor me respaldó, pues para 1986 iniciamos el Instituto Bíblico Nazareno en las instalaciones de nuestra Iglesia. Desde allí comenzamos a preparar ministros para servir a la iglesia de Jesucristo.

Entre tanto fuimos adquiriendo conocimiento de la ciudad como tal, algo del idioma y de la cultura, del trabajo, así como de las realidades que traen a los latinos a Estados Unidos. No me quiero extender en esto, pero uso esta nota para ampliar la importancia de entender el terreno donde nos paramos. Somos ministros de inmigrantes, no comunes, sino de inmigrantes nómadas, "aves de paso" y de vez en cuando algunos de ellos se quedan y consideran el lugar su territorio. ¡Se estabilizan! Y gracias a Dios por ellos, pues luego constituyen la base de las iglesias estables.

Durante el año 1987, fuimos invitados por Oscar Canales, un hombre al servicio de Dios, a su programa de televisión "Canal 26", en Chicago para hablar de la visión que teníamos y cómo la desarrollaríamos. Una vez más tuvimos una respuesta a través de otro medio de comunicación masiva, esta vez la TV. Imelda nos llamó para preguntarnos si podríamos hacer un estudio bíblico con su familia -que no eran creyentes- en un pueblo llamado "Arlington Heights" y, por supuesto, acudimos e iniciamos con su hermosa familia un estudio bíblico que dio como resultado el inicio de una nueva iglesia. Un miembro de nuestra iglesia, el hermano Jerónimo Gutiérrez, quién ya se preparaba para el ministerio, fue el ministro designado para darle seguimiento. Para mayo de 1988, ya nos habíamos trasladado a otro pueblo llamado "Mundelein". Allá llegó el Dr. Bottles para organizarla. Así comenzó lo que hoy se conoce como "La Iglesia del Nazareno de Mundelein, Illinois".

Cada vez que encontramos una razón para iniciar una nueva iglesia, la aprovechamos. Conviene presentar algunas de ellas. En el año 1988, desde Highwood, Illinois, un pequeño pueblo también ubicado a unas 20 millas al Noroeste de Chicago, nos visitaban las familias Barrios y Gordon. Les hablé de iniciar un estudio bíblico en sus casas y, para no hacerlo tan pesado a cada familia, alternaríamos el estudio haciéndolo un domingo en cada casa. Les gustó la idea y, un año más tarde, la llamaríamos iglesia y se desarrollaba en casa de los Barrios. Otro miembro de nuestra iglesia y estudiante al pastorado, el hermano Byron De León, fue nombrado para iniciar y desarrollar la nueva congregación, que hoy es conocida como "La Iglesia del Nazareno de North Chicago", dado que tuvimos que comprar un templo y trasladarnos de Highwood al pueblo vecino, "North Chicago.

El Dr. Keith Bottles, Superintendente de Distrito, adquirió una propiedad en el pueblo de Summit, Illinois, y me dio la oportunidad de hacer una evaluación del área. Nos dimos cuenta de que era el lugar perfecto para iniciar una nueva iglesia hispana. A través del evangelismo y la promoción de la iglesia, iniciamos nuestro primer servicio al que asistieron unas pocas personas. Unos meses más tarde la asistencia iba creciendo y dos años después fue organizada.

Mientras esto acontecía, en uno de nuestros servicios de la Primera Iglesia, tuvimos la grata visita de una anciana que nos contó que donde su familia vivía no había una iglesia hispana y que le gustaría comenzar un estudio bíblico en su casa, en West Chicago, Illinois. Allá fuimos llevando con nosotros al pastor Enrique Polanco y a su familia, recién llegados de Guatemala. Pronto el Rev. Polanco inició cultos en una sala que facilitó la Iglesia Metodista Unida americana de esa ciudad. Se utilizó el mismo sistema promocional y el evangelismo personal. Poco tiempo después se nos informó del crecimiento de la congregación, la que más tarde llegó a organizarse.

Nuevamente se nos abrió la posibilidad de iniciar una nueva iglesia en Blue Island, Illinois, dentro del templo de la Iglesia del Nazareno anglosajona. Un grupo de hermanos de nuestra Primera Iglesia saturamos el área del pueblo con evangelismo, a la vez que le informábamos a la gente del inicio de nuestra iglesia hispana y les dábamos la invitación con la dirección y los horarios de reunión. De nuevo vimos nacer una nueva iglesia hispana. Allí enviamos al pastor Alberto Quezada y su linda familia. Unos años más tarde el Rev. Sergio Mayorga y su familia tomaban la dirección de la Iglesia de Blue Island y enviábamos al pastor Quezada para iniciar el trabajo de evangelismo entre hispanos a Aroma Park, Illinois, lugar donde había existido la Iglesia del Nazareno americana. Allí el Pastor Quezada y su familia han trabajado arduamente en la fundación de la iglesia, la cual está organizada y bendecida con su ministerio.

En tanto, mi pastor asociado, el pastor Pedro Aguilar, miraba hacia la ciudad misma y pensaba que sería bueno fundar una nueva iglesia en Chicago. Planeamos juntos y finalmente un buen grupo de miembros de la iglesia le acompañaron para iniciar lo que hoy es la Iglesia del Nazareno Emanuel, la cual también comenzamos dentro del templo de la Iglesia Metodista Unida y, algunos años más tarde, pudimos obtener una propiedad para la iglesia donde funciona actualmente.

Fuimos invitados para iniciar una Iglesia del Nazareno hispana en Kenosha, Wisconsin, en el templo de la iglesia americana y, por un buen tiempo, fuimos para evangelizar y para invitar (promocionar) a los hispanos del lugar, a que asistieran a nuestra nueva iglesia. Hoy en día la pastorea el Rev. Luis Escoto, de Honduras, pues la mayor parte de sus miembros son de ese país centroamericano.

La Iglesia americana de Mount Prospect, Illinois, nos abrió sus puertas y una vez que habíamos promocionado el inicio de la nueva iglesia hispana, iniciamos estudios bíblicos.

Pronto tuvimos algunas visitas, por supuesto que además de enviar a un estudiante del IBN, le apoyamos con varias familias de nuestra primera iglesia, lo cual funcionó. Hoy nuestra iglesia en Mount Prospect es dinámica e influyente en su comunidad.

Uno de nuestros ministros graduados del IBN, el Pastor Israel Ramírez, ministro de jóvenes de la Iglesia de North Chicago, Illinois, me hizo saber su inquietud de servir al Señor como pastor, pero se sentía limitado por su ministerio. Nos pusimos en oración y marcamos tres pueblos con gran cantidad de hispanos. Durante nuestro tiempo de oración Israel vio puertas abiertas en Highland Park, Illinois. Algunos miembros de su familia vivían en ese pueblo y comenzaron a convertirse bajo su ministerio. Cinco meses más tarde, el 15 de enero de 2013, iniciamos formalmente la Iglesia del Nazareno de Highland Park, Illinois, la cual fue organizada en la Asamblea del Distrito Central de Chicago en 2016.

La constante migración (la movilización de los hispanos), y la falta de entendimiento de la clase de apoyo que se debe aplicar, fue la causa de que desaparecieran algunas de nuestras iglesias que una vez fueron dinámicas (Iglesia Rusa de Mount Prospect Illinois; Iglesia del Nazareno hispana de Elgin, Illinois; Iglesia del Nazareno de Crystal Lake, Illinois; Iglesia del Nazareno Ebenezer, de Chicago Illinois). Fue muy triste para mí verlas diluirse.

Quiero mencionar los factores que han hecho posible fundar iglesias con grandes esperanzas de crecer y multiplicarse. *Primero: Oración*. Dios siempre motiva y respalda a una iglesia conectada con él. *Segundo: Una iglesia amorosa y compasiva*. La compasión por las almas perdidas siempre moverá a la iglesia a ir por ellas. *Tercero: Valor para aprovechar cada oportunidad que se abre.* Cuando Dios nos abre la oportunidad también nos abre los ojos, nos da la visión, pero el pastor debe tener el valor para hacer posible un nuevo ministerio. El miedo, la duda, jamás le dejarán desempeñar su ministerio. *Cuarto lugar: Sea humilde, la humildad nos permite ser comunicativos.* Muchos líderes ministeriales no progresan porque no quieren estar entre la gente. El hacerlos sentir que son importantes, que son parte de nosotros, les ayuda a los nuevos asistentes a pasar el mensaje, saben que el que los oye, que el que está con ellos estará con sus amigos o familiares y los invitan a ir a la iglesia.

Una de nuestras iglesias hijas ya nos ha hecho abuelos. La Iglesia de Summit es ahora la iglesia madre de la nueva iglesia en Gage Park, de Chicago y, en la Primera Iglesia del Nazareno Hispana a la que tengo el privilegio de pastorear, ya estamos iniciando una nueva congregación entre los más pobres de nuestra comunidad dentro de la cual se ubica nuestro templo. ✞

Un Milagro del Amor de Dios
Rev. José González
Iglesia del Nazareno Belvedere
Los Angeles, California

TRATAR DE RESUMIR UN MINISTERIO DE MÁS DE 60 AÑOS en unas pocas páginas es una tarea difícil, no obstante, lo intentaremos.

Soy hijo de campesinos pobres, de mi bella isla, Cuba, "La Perla Antillana". Papá y su familia tenían un pequeño rancho; a la muerte de mi abuelo dividieron el terreno entre los hijos y a papá le tocó una pequeña porción llena de piedras, la cual él cultivaba, pero tenía que hacer otros trabajos para sobrevivir.

Yo comencé a trabajar (no me acuerdo cuándo, creo que desde que aprendí a caminar). Desde muy pequeño le daba de comer a las gallinas y recogía sus huevos, alimentaba a los puercos, amarraba los terneros, sembraba, desyerbaba, araba, sacaba agua del pozo, ente otras tareas. Papá estaba interesado en que yo estudiara, pero no todos los días podía ir a la escuela, así que mi educación estaba llena de lagunas. No solo trabajaba con papá; mis tíos y otros campesinos le pedían permiso para que fuera a ayudarles, especialmente en las épocas de siembra y de cosecha.

Dios usó un sin número de eventos para alcanzarme. Siendo solo un niño llegó a mi casa un hombre que se dedicaba a arreglar máquinas de coser; mi mamá tenía una vieja máquina Singer en la que cosía para la familia, y en ocasiones también lo hacía para otras gentes. Ella vio en aquel hombre una magnífica oportunidad para reparar y ajustar su vieja máquina de coser.

Aquel señor pasó un buen tiempo en casa, comió con nosotros, hizo su trabajo y después compartió con la familia su testimonio y nos vendió por 25 centavos un libro azul con el título *Nuevo Testamento*. En mi casa no había libros, solo las revistas de donde mi mamá sacaba los modelos de vestidos que les hacía a sus clientes, y alguna que otra revista *Bohemia*, que traía las noticias de la semana, deportes, farándula, etc. Mi papá comenzó a leer todos los días el *Nuevo Testamento*; llegaba del trabajo, se bañaba y se sentaba a leer; después, algunos familiares se lo pedían prestado y yo de vez en cuando intentaba leerlo, pero se me hacía difícil, pues lo primero que leía era la genealogía del Señor Jesucristo, lo cual era sumamente difícil de digerir para mí.

Un amigo de mi papá abrió una tienda de abarrotes y papá me mandó para que yo trabajara allí, desde la 6:00 A.M. hasta las 11:00 P.M., Pero era más divertido que trabajar en el rancho, y no me quemaba con el fuerte sol del caribe.

Cierto día llegaron a la tienda unas muchachas vestidas de blanco, con unas "gorritas" en sus cabezas, bordado en sus vestidos y un logo que decía Bando Evangélico de Gedeón. Esa denominación nació en Cuba; vivían en comuna y no usaban ropas ni colchones que tuvieran figuras, porque eran imágenes. Compraban comida enlatada u otros artículos y antes de llevarlos a la casa le quitaban las etiquetas porque traían impresas imágenes. Tampoco se retrataban y algunos llegaron al  extremo de no usar dientes postizos, porque eran la imagen de otro diente.

Ellos pidieron permiso al dueño de la tienda y por la noche celebraban sus cultos, donde predicaban y cantaban coros y daban testimonios. Hasta el día de hoy, cuando me encuentro con algunos de ellos trato de hablarles y de ayudarlos, pues no olvido nunca que ellos fueron parte de la búsqueda de Dios para mi persona. Los "gedeonistas" desaparecieron, no vinieron más, pero Dios tenía otros planes para mi vida.

Cierto día el dueño de la tienda descubrió que mi compañero de trabajo le estaba robando y, como es de suponer, lo despidió. Aquella noche después de cerrar el negocio y de cargar con sodas los refrigeradores para el otro día, me llamó y me dijo simplemente: "Pepe, estás a cargo de la tienda".

Yo no había cumplido aún los 15 años. No era una simple "tiendecita", era un negocio grande, una tienda de abarrotes y un bar, hasta el día de hoy aún no puedo entender cómo fue capaz de ponerme a administrar todo aquello.

Él tenía un buen trabajo y era líder obrero y político. Iba al negocio solo a hablar con la gente de noche y a recoger el dinero de las ventas. Yo compraba y vendía y era responsable de los otros que trabajaban conmigo. Al mirar atrás me doy cuenta de que era Dios el que estaba dirigiendo, enseñándome porque tenía otro trabajo para mí.

Mi patrón comenzó a sentirse mal, fue al médico y descubrieron que tenía un cáncer en etapa final. La agonía duró unos tres meses y durante su enfermedad, una prima de él que era miembro de una iglesia en otro barrio cercano pidió oración a su favor. Ellos hicieron más que orar: le compartieron el evangelio y después de su muerte el pastor decidió establecer allí una misión. Después compraron un lugar y comenzaron a ir todos los jueves a celebrar estudios bíblicos.

Mis padres fueron de los primeros en formar parte de ese grupo. Por mi parte yo continué haciendo el trabajo de la tienda, pero ahora que ya no estaba el dueño, sus dos hijas se metían mucho en todo y yo pensé que era tiempo de salirme de allí.

Así que puse mi propio negocio. Todos los días montaba en mi caballo e iba por las rancherías vendiendo. Aquello no daba mucho dinero, además de que había mucha competencia. Así que decidí irme a trabajar en una cafetería/restaurante en un pueblo cercano en donde hacía de todo, pero pronto me dejaron solo en la cafetería preparando licuados y café expreso, etc.

El sueldo era de esclavitud y un día un cliente de la cafetería me invitó para que fuera a trabajar con él como ayudante de camionero. El trabajo era fuerte y el sueldo miserable. Terminaba súper cansado cargando sacos de 100 libras más o menos, que era lo que pesaba yo en ese tiempo. Me lastimé la espalda y me di cuenta de que tampoco ese era el camino, así que regresé a casa para ayudar a mi papá en el rancho. Los jueves iba al estudio bíblico. El pastor estaba dando clases basadas en el libro de Daniel y me fascinaron los nombres Nabucodonosor, Nabusaradán, etc., pero todo eso me gustaba y nada más.

Un día estaba arando, rompiendo la tierra y de pronto vi que una señora se dirigía hacia mí; venía dando tumbos entre los terrones que mi arado iba dejando; la identifiqué, era la ayudante del pastor, María Mérida. Cuando estuvo cerca, extrañado, detuve los bueyes y me impresioné al escuchar a aquella mujer que se atrevió a desafiar obstáculos para decirle a un niño pobre, sucio y sin mucha educación que Dios le amaba y que tenía planes para su vida. Ese día acepté a Cristo como mi personal Salvador y Dios escribió mi nombre en el libro del Cordero.

NOTA: Después de muchos años viviendo ya en los Estados Unidos de América, fui a Cuba y las pocas veces que fui siempre hacía tiempo para ir y visitarla. Esa fue la última vez que la vi. Cuando nos despedimos ella oró una vez más por mí y después me miró, me dio un abrazo y dijo algo que he guardado siempre en mi corazón: "Pepe, tú eres lo mejor que me ha pasado en mi vida". No sé por qué lo dijo, pero es bonito oír a la persona que te mostró el camino testificar de ti de esa manera.

Desde luego que desde aquél día de mi encuentro con Dios nunca más fui el mismo, sentía deseos de servir a Dios. Siempre que veía a mi pastor le preguntaba: "¿Qué quiere que haga?", él me pedía hacer algo, yo iba y lo hacía y regresaba para decirle otra vez: "Y ahora, ¿qué quiere que haga?"

Mi actitud de estar siempre pidiendo qué hacer me convirtió en poco tiempo en la mano derecha del pastor. Comencé a salir con él a conferencias y servicios especiales. Un día me invitó para ir a una convención en otra provincia. Nunca me había alejado tanto de casa. Fue mi primer viaje largo de menos de 200 kilómetros. Encajé bien en la convención, hice amigos y amigas y, en el viaje de regreso, le dije a mi pastor que quería comenzar una escuela dominical en mi iglesia. Casi no lo pensó y me dijo: "Está bien, te voy a llevar material para que lo hagas". Comencé solo con mi "escuelita" y alboroté en un ratito a los niños del barrio; tanto los niños como sus padres me conocían y pronto tenía 78 niños. Ya para entonces necesitaba ayuda y una de las niñas más grandes, Ramona, que andaba por los 15 años, me empezó ayudar.

Un corto tiempo después el pastor estaba en casa comiendo y delante de mis padres y mi hermano pequeño me hizo una pregunta: "¿No te gustaría ir y prepararte para ser pastor?" Nunca había pensado que un pastor debía ir a un colegio, ni tenía idea de lo que se estudiaba allí, ni sabía si yo estaba listo para ir. No sabía que Dios llamaba; lo único que podía entender era que quería trabajar para Dios; cualesquiera otras terminologías estaban fuera de mi conocimiento... y sin pensarlo mucho contesté que sí.

Llegué al Instituto Teológico Nazareno de la Chorrera de Managua, en La Habana, Cuba. Todos fueron amables conmigo, con excepción de María, quien siempre se fijaba en los nuevos y decía indirectas: "Aquí hay personas que no van a durar mucho", pero eso lejos de desalentarme me animaba a seguir. Los directores entonces eran los misioneros Prescott.

La primera vez que entregué un trabajo, el profesor lo calificó con un lápiz rojo, cuando me lo devolvió me sentí muy avergonzado; mi trabajo parecía que tenía sarampión.

En ocasiones le preguntaba a Dios: "¿Podré servir para algo?", pero nunca obtuve respuesta.

Cuando empezamos el nuevo curso, los estudiantes me eligieron como su presidente. La junta del instituto puso en mis manos dirigir a los estudiantes en las dos horas que teníamos que trabajar cada día. También me encargaron de las compras mayores y a coordinar los eventos especiales.

En 1956, prediqué mi primer mensaje y desde entonces no he dejado de predicar.

Cuando tenía tres años y medio de estudiante me llamaron a la dirección y me dijeron: "No puedes graduar porque debes estar cuatro años en el instituto".

Yo había estado tomando asignaturas extras y a la vez estudiando secularmente para corregir en algo mis viejas lagunas. Cuando ellos terminaron de hablar les pregunté: "¿Y qué asignaturas me van a dar el próximo año?" Levantaron mi expediente, lo revisaron con cuidado y me dijeron: "¿Cómo lo hiciste? ¡Todas tus asignaturas están terminadas... ¡te vas a graduar!" Y gradúe con dos compañeros que me amaban y a quienes yo les correspondía, personas fieles, siervos de Dios: la hermana Marta González y el hermano Luciano Morejón (quien está ya con el Señor). Los dos tienen un lugar muy importante en mi vida y en mis recuerdos.

Yo no tenía ni idea de qué iba a pasar con mi vida, estaba feliz porque el comité organizador había decidido que no iban a invitar a ningún orador especial y que iban a poner esa responsabilidad sobre mis hombros.

Una hermana americana que estaba de visita, la cual yo no conocía —aunque anteriormente había visitado el seminario— se me acercó, me entregó un sobre blanco que traía en sus manos y me dijo: "Tengo esta pequeña ofrenda, pensé dividirla entre los tres, o dársela a uno de los que ya había conocido antes, pero me arrodillé y le pregunté a Dios qué hacía y Dios me dijo que te la diera a ti". Eran $80.00 dólares, una pequeña fortuna para mí. Entré en mi cuarto y sobre mi escritorio encontré un lindo pantalón azul y una bonita camisa, acompañada de una pequeña nota que decía: "DIOS SE LO MANDA".

El misionero S. L. Hendrix me llamó y me dijo que la junta misionera se había reunido y que yo había sido aceptado para ser pastor evangelista oficialmente, aunque ya estaba predicando en campañas evangelísticas. Todo aquello me parecía demasiado de parte de Dios; pero no había terminado: mi papá había recogido buena cosecha aquel año y como una hora antes de comenzar el acto de graduación me entregó un paquete con tres pantalones preciosos y dos camisas. Yo nunca había tenido tanto; me di cuenta por experiencia propia, de la grandeza de Dios. Fui a mi cuarto, me arrodillé y oré:

"Señor, si crees que puedo hacer algo en tu viña, acepto, pero no quiero batallar con las juntas de las iglesias; voy a trabajar para ti, quiero que seas mi Señor y Jefe. Voy a trabajar con honestidad, pues sé que siempre me estarás mirando; esa será mi parte y tu parte será hacerte cargo de mí y de la familia que un día me darás". ¡Dios ha cumplido, Aleluya! Nadie puede decir que en alguna ocasión he pedido un aumento de sueldo. He aprendido que cuando tengo problemas económicos se los cuento a Dios y él se encarga de resolverlos. He pasado tiempos difíciles, pero he dependido de Dios y él siempre me ha bendecido.

Mi graduación del Seminario Nazareno y el triunfo de la revolución castrista ocurrieron casi simultáneamente, no obstante, yo continuaba dando campañas por toda la isla. Recuerdo que una vez estuve 83 días sin ir a la casa, predicando todos los días y en ocasiones seis veces en un solo día.

Cada vez que yo salía para una campaña, el Superintendente del Distrito, Rev. Spurgeon L. Hendrix, me entregaba un sobre para que se lo diera al pastor cuando llegara. Nunca lo abrí ni sentí curiosidad por saber qué iba en el sobre, pero un día supe que el misterioso sobre era para el pastor.

En una ocasión el hermano Hendrix y yo íbamos para un culto especial y, de pronto, me preguntó cómo me había ido en la última campaña.

—Bien —le contesté—, Dios nos bendijo; tuvimos lindos cultos de altar y algunas personas hicieron decisiones firmes para Dios.

—¿Te dio una ofrenda el pastor?

—Sí —fue mi respuesta.

—¿Cuánto? —yo no le contesté, seguí manejando como si no hubiera oído la pregunta. Pero nuevamente me preguntó:

—¿Cuánto? —me di cuenta de que tenía que contestar.

—$1.63 (un peso con sesenta y tres centavos en moneda cubana).

El hermano Hendrix se enojó y añadió.

—Siempre que vas a predicar a una de nuestras iglesias yo te doy un sobre y pongo algo de dinero para tu comida y le digo el pastor que te entregue todas las ofrendas.

—Tal vez eso fue todo lo que recogió —añadí con una sonrisa.

Unos días después uno de nuestros pastores vino a los Estados Unidos y de nuevo me llamó el Superintendente, Hno. Hendrix, quien me dijo: "No tengo pastor para esta iglesia y te necesito ahí… ya sé lo que me vas a decir, pero te necesito ahí, no pude pensar en nadie más, he orado y Dios me dirige a ti". El pastor de esa iglesia era el misionero Howard Conrad a quien en mi época de estudiante le había servido como asistente y, desde luego, en aquel momento no se valía decir que no.

El sector Parcelación Moderna se convirtió así en mi primer pastorado. Me cambié a vivir en la casita pastoral detrás del templo. Era un apartamento muy bonito, con una sola recámara y el baño tenía dos puertas, una abría para la casa y la otra para la iglesia, así que el mismo era para todos; también tenía una pequeña cocina. La misionera Fe Hendrix me compró una olla, un sartén, algunos platos y otras cositas. Mi problema era que yo no había cocinado nunca. En el refrigerador había solo agua y las cebollas que crecían en el refrigerador.

Había hecho planes de tener una carpa grande con sillas y predicar así el evangelio. La iglesia general la llegó a comprar, pero el gobierno castrista negó el permiso y la carpa nunca llegó; entonces oré y le pedí a Dios que me diera alma de pastor, aunque no sentía que eso era lo que yo quería para mi vida, pero Dios tenía otros planes para mí y había sido nombrado pastor de una preciosa congregación.

Me pidieron que diera clases en el Instituto Bíblico. Eso era bueno y malo, pues tenía que viajar todos los días y pagar mi propio pasaje, lo que reducía considerablemente mi diminuto sueldo. Todo eso me asombraba cada día, pero era feliz en la tarea de formar a pastores al compartir con ellos mi experiencia y a la vez recibir el amor que todos ellos me daban.

Como impartía clases y no me pagaban, me dieron el privilegio de comer al mediodía con los estudiantes y era casi mi única comida; estaba tan flaco que los dos trajes que había comprado en una casa de empeño me estaban quedado grandes. Por las tardes iba a cuadra y media de la iglesia, donde unos vecinos habían abierto una pequeña cafetería, y por 10 centavos me daban un licuado de papaya o de mamey; algunas veces la señora de la cafetería me decía: "Ya mi esposo y yo comimos y me quedó comida, ¿te gustaría que te sirviera un plato de comida?" Yo le decía que sí y ella muy amablemente me lo traía. Era como maná del cielo. Yo creía que le hacía un favor a la señora al comer lo que le había quedado, pero creo que a ella le daba pena verme tan demacrado y mal encajado, claro, todavía no me había casado. Ya estando en los Estados Unidos fui a Cuba de visita y mi esposa y yo fuimos a buscarlos. Los encontramos ya envejecidos, con sus cabellos blancos; nos abrazaron con mucha alegría y yo le di las gracias, pero también le di gracias a Dios por aquellos ancianos a quienes Dios había usado como a los cuervos que alimentaron al profeta Elías.

Me casé con Isora y, claro, comenzaron a llegar las hijas. Por 10 años fuimos pastores en mi primera iglesia, Parcelación Moderna, que pertenece a la gran ciudad de La Habana. Aún amo esa iglesia y a los hermanos que quedan de aquella época. También guardo muchas historias de lo difícil que era ser pastor en aquellos días. La revolución era atea y como dijera el Rev. H. L. Spurgeon: "El ateísmo es algo extraño". Ni aun los demonios llegaron a ese punto (Santiago 2:19), era una lucha de confrontación y no podíamos hacer nada al respecto. Un miércoles en la noche mientras estábamos en nuestro estudio bíblico, se metieron como locos una banda de jóvenes y comenzaron a voltear las bancas. Yo corrí tras uno de los asaltantes como cuatro cuadras, lo alcancé y lo llevé de regreso al templo. Los hermanos estaban preocupados por mí y me estaban esperando, y entre ellos habían llegado algunos funcionarios del gobierno que se llevaron al joven y me dijeron que no me preocupara, que ellos se harían cargo de todo, lo cual fue una burla, pues las provocaciones no cesaban. Pero Dios nos daba fuerzas y a pesar de mi poca experiencia, seguía con deseos de servir al Señor.

En otra ocasión dos amados pastores de nuestro distrito fueron encarcelados y llevados por la fuerza a trabajar en la agricultura, no tenían qué comer y la estaban pasando difícil. Yo tuve que ir a interceder por ellos al Comité Central del Partido Comunista en la Plaza de la Revolución. Ya había estado allí varias veces, conocía el protocolo. Debía pasar por tres garitas antes de llegar al edificio... "¿A quién viene a ver? ¿Tiene cita?", cualquier otra cosa que se les ocurriera. Al fin llegaba al edificio y me encontraba con la recepcionista; de nuevo las mismas preguntas, después me decía que me sentara y esperara hasta que la secretaria del Ministro bajara y me llevara a su oficina; no me dejaban solo.

Un Incidente que lo Cambió Todo

Muchas veces había estado en aquella oficina solo (como esta vez) y en otras ocasiones fui acompañado del superintendente de distrito, y en otras el Ministro citaba a varios pastores de diferentes denominaciones. Él trataba a todos los pastores por su título de Doctor o Reverendo, etc., pero quizás por mi juventud siempre me decía José. En ocasiones llegué a pensar que yo le recordaba a alguien muy importante para él, o que de alguna manera me distinguía de los demás.

Ese día le hablé de mis hermanos pastores en problemas y él prometió ayudarlos. Cuando quería terminar el asunto, se ponía de pie, se inclinaba sobre el escritorio y nos daba la mano... y eso quería decir "esto se acabó", y ya sabíamos que no se debía decir ni una sola palabra más. Seguidamente llamaba a su secretaria y ella nos regresaba hasta donde estaba la recepcionista del edificio y ya salíamos.

Esta vez, para mi sorpresa se quedó sentado y me hizo una pregunta:

—¿José, tienes quién te envíe el dinero en dólares para los pasajes y los trámites para que salgas del país?

—Yo no me quiero ir de mi país —le contesté con rapidez. Pareció no prestarme atención y continuó:

—José, tú no cabes en esta sociedad que estamos construyendo, si yo estuviera en tu lugar pediría a la denominación (tu iglesia) que me mandaran el dinero y me iría de aquí Fue un placer verte... Que tengas buen día.

Salí a la calle, todo confundido, no me obligó a nada... solo me dio un consejo, que al final terminé agradeciéndoselo. Viajé a casa pensando en lo que el Sr. Ministro me había aconsejado; no era un simple miembro de los Comités de Defensas de la Revolución; era la persona a la que debía acudir por ayuda para mí y para mi distrito; sabía que la próxima vez que llegara ante él para presentarle cualquier problema, me diría: "Te lo dije". Pensé mucho en esto y la preocupación era cada día mayor. Una noche como a las 11 entré en mi recámara, en donde mi joven esposa estaba arreglando algo; me senté a su lado y le conté lo que estaba pasando.

—¿Qué piensas hacer? —me preguntó.

—Lo único que podemos hacer es hacerle caso al Ministro, pero no tengo derecho de separarte de tu familia, de pedirte que me sigas en esta aventura.

—Cuando nos casamos -contestó mi esposa-, prometí estar contigo en las buenas y en las malas y lo voy a cumplir, te seguiré a donde decidas ir.

Platicamos un poco más y quedamos en que teníamos que salir de nuestra amada isla; ya para entonces teníamos tres hijas. Escribí a las Oficinas Generales de mi iglesia en Kansas City, EUA, y la respuesta de ellos fue buena, solo querían el permiso de la directiva del distrito de la Iglesia del Nazareno de Cuba, pero el problema estaba ahora en Cuba; nadie entendía mi cambio tan brusco de salir de la isla cuando casi siempre se oponían a que los pastores salieran del país.

Los días comenzaron a pasar y el problema no se resolvía por la negativa de parte del distrito. Mi situación era difícil, no podía decir la razón por la cual me iba —pues eso podría acarrear otros problemas— y a la vez tampoco podía quedarme; finalmente el Dr. Honorato T. Reza me escribió y me dijo que con permiso o sin permiso del distrito me mandaría el dinero para que saliera de Cuba.

El mismo día que llegó el dinero, el distrito me informó que me habían concedido el permiso de salida. Para que el gobierno no se apropiara de la casa pastoral, que pertenecía a la iglesia, llegó a vivir con nosotros un pastor y su familia y, cuando ellos se instalaron, nosotros nos cambiamos a vivir con mis padres. Por cuatro meses esperé la visita del Funcionario de Inmigración, hasta que un día por fin llegó. Como yo no tenía trabajo ellos me obligaron a trabajar en la agricultura; allí hice de todo: trabajé cortando cañas y también en las alzadoras de caña, con turnos de 24 horas; si no iba la persona que me sustituiría, se alargaba el tiempo de trabajo hasta 36 horas. En varias ocasiones me tocó trabajar 36 horas seguidas (trabajo forzado).

No tengo espacio para contar todas estas aventuras que se prolongaron por 19 largos meses, conviviendo con 180 hombres de todas las esferas sociales, entre ellos había médicos, políticos, hombres de negocio, obreros comunes, etc.

Dios como siempre fue bueno conmigo, me cuidó y de una u otra manera suplió mis necesidades. A los 19 meses me llegó el famoso y ansiado telegrama dándome el permiso para abandonar el país. Gracias al Señor, España nos concedió la visa para viajar, pues otros países nos la negaron. Apenas dos meses antes había nacido la más pequeña de nuestras niñas.

En seguida que nació la bebita solicitamos su pasaporte, así que teníamos un poquito adelantado eso, pero en Cuba cualquier trámite tomaba mucho tiempo, yo solo tenía tres días para resolver mis problemas. Al siguiente día me levanté de madrugada y fui el primero en llegar a donde expedían los pasaportes (esperando un milagro); fui el primero que atendieron, pero nadie sabía dónde estaba el pasaporte, eran miles de pasaportes y uno de ellos era el de mi hija (generalmente cuando el pasaporte estaba listo, ellos enviaban una carta con el código donde estaba archivado el pasaporte, pero yo no recibí esa información, por tanto, ese pasaporte era uno más entre tantos).

Me llamó el encargado y me dijo que estaban muy ocupados, que me sentara a esperar, porque tenían que atender a las otras personas y después tratarían de encontrar el pasaporte que con urgencia yo necesitaba; después de tres largas horas de espera me llamaron y entre otras cosas alguien me preguntó si traía conmigo una foto de la niña. Le dije que sí y una empleada al verla gritó feliz: "¡Yo hice ese pasaporte!". Entonces me dijeron que esperara afuera del edificio, en una parada de autobús que allí se encontraba, cuando salí cerraron el ministerio y a través de los cristales yo podía ver que hasta el guardia de seguridad estaba participando en la búsqueda. ¡De pronto se abrió la puerta y aquellos empleados estaban inusualmente felices... ¡lo habían encontrado!

Me entregaron el pasaporte y yo estaba a unas cuadras de la oficina de Cubana de Aviación donde debía comprar mis boletos, pero tenía un problema, solo vendían los boletos si los pasaportes estaban visados. Tenía en mis manos seis pasaportes, pero uno de ellos obviamente no tenía la visa. El

Consulado Español estaba al otro lado de la ciudad. Entonces tomé una decisión, descabellada para cualquiera, pero Dios tiene todo poder, acababa de hacer un milagro y podía hacer dos; coloqué mi pasaporte en primer lugar, el de mi esposa en segundo y luego en orden el pasaporte de mis dos hijas mayores, después el de la bebita, el que no tenía visa y finalmente el de mi hija tercera y me fui a comprar los pasajes.

No había personas esperando, así que rápidamente me atendió una señora muy elegante, tomó mi pasaporte y revisó que tenía la visa correspondiente y me hizo el boleto; después hizo exactamente lo mismo con los otros tres pasaportes y próximo sería el de la bebita, lo abrió, hizo el boleto y lo tiró sobre los demás sin revisar si tenía la visa y cuando tomó el ultimo revisó si tenía visa y escribió el boleto. Salí corriendo para el Consulado de España, y cuando llegué nadie podía creer lo que había pasado.

Salí de Cuba rumbo a Madrid, España, en un avión de hélices, con una familia de seis, sin un solo centavo en el bolsillo. Hicimos una escala en Santa María de las Azores y de ahí a Madrid. No sabíamos qué iba a pasar con nosotros; una familia de seis, sin dinero y sin saber a dónde íbamos a parar. Ese fue otro milagro. para sorpresa nuestra allí nos estaba esperando el Rev. Rodolfo Loyola, a quien le estoy eternamente agradecido, quien nos llevó a su casa, que era un apartamento con tres recámaras, donde vivían él, su esposa, cuatro hijos y su suegra, además de dos chicas recién llegadas de Cuba que vivían con ellos. Llegamos nosotros seis, para hacer un total de 15 personas.

Mi esposa y una de nuestras niñas llegaron muy enfermas y mi amigo estaba enfermo también. Yo debía resolver algunos problemas y él me dio algunas indicaciones, así que me fui solo, tomé el metro y resolví todos mis problemas; regresé a la casa como a las 4:00 p.m. Tanto mi esposa como ellos pensaban que no regresaría jamás.

Voy a pasar por alto mis peripecias en España, vivimos un año entero en Madrid. Durante ese año hice grandes cosas y me mantuve involucrado con la iglesia, predicando y ayudando a los hermanos cubanos, que como nosotros llegaban también desorientados.

Junto al Rev. Rodolfo Loyola y el Rev. Alfonso Guevara estuvimos organizando la comunidad emigrante con un ropero y cosas necesarias para el diario vivir. También organizamos actos cívicos y religiosos, donde yo predicaba. En fin, siempre me mantuve muy ocupado sirviendo a la comunidad cubana y al Señor. Tengo mucha gratitud en mi corazón por España. Un año después nos llegó el tiempo de viajar hacia los Estados Unidos de América. Llegamos a Nueva York y de allí fuimos a Chicago, donde estuvimos una semana y después salimos rumbo a California... esa fue otra aventura.

En el aeropuerto de Los Angeles me esperaba el Rev. Terry Morán, pastor hondureño, a quien no conocía. Nos llevó a su pequeño apartamento en Placentia. Al siguiente día nos fuimos a vivir al sótano de la iglesia que él pastoreaba en la misma ciudad, en el Condado de Orange. Allí residimos por tres meses, hasta que fui llamado como pastor de la Iglesia del Nazareno de Rancho Cucamonga, la cual contaba entonces con 41 miembros en la lista, pero solo encontré a 23 de ellos. Así comenzamos a trabajar en Estados Unidos.

Muy pronto yo estaba trabajando a nivel distrital como miembro de la Junta Consultora, Director de Evangelismo, etc. También comencé a cooperar para Casa Nazarena de Publicaciones escribiendo para revistas como *El Heraldo de Santidad*, *El Sendero de la Verdad*, etc.

Estuve de pastor en Rancho Cucamonga aproximadamente 13 años, donde Dios nos bendijo y prosperó la iglesia en todos los aspectos. La membresía se multiplicó y comenzamos un proyecto de construcción impresionante, que hoy en día es orgullo de nuestro Distrito.

Llegó el momento de decir adiós a la amada iglesia de Rancho Cucamonga y acepté por mandato divino ser pastor en la Iglesia del Nazareno Belvedere, en Los Angeles, donde hemos estado sirviendo 33 años.

Dios nos ha permitido edificar sobre fundamentos sólidos y nos ha bendecido grandemente con un crecimiento, tanto numérico como espiritual, con tres iglesias hijas y una misión.

El Señor ha hecho grandes milagros en Belvedere, desde construir un hermoso santuario hasta suplir todas las cosas que hemos ido necesitando.

Guardo un amor especial tanto por los hermanos de la iglesia de Placentia como por los de Rancho Cucamonga y, claro, amo mi iglesia de Belvedere y agradezco su amor hacia mí y mi familia.

En la actualidad tengo 79 años de edad y sigo pastoreando de tiempo completo. Solo Dios sabe hasta cuándo. Un día le pregunté: "Señor, ¿hasta cuándo? Y él me contestó: "Tú sabes"... y me mandó a Isaías 6, donde el profeta hace la misma pregunta.

El año pasado le dije a mi Superintendente y a la Junta de la Iglesia que iba a terminar mi ministerio en Belvedere en la Asamblea de Distrito de ese año, pero en lugar de aceptar mi renuncia me pidieron que me quedara por cuatro años más como su pastor... Ahí está la respuesta del Señor... ¿Llegaré a los 82? ¡Solo Él lo sabe! Hasta que Él quiera.

Sobre mi aportación a la obra hispana en los Estados Unidos y Canadá siento que, si hay alguna, les tocaría a otros juzgarlo; yo pienso que no es gran cosa.

Comentario adicional:

Cuando Dios me llamó sin usar zarzas ardiendo ni cosas espectaculares, hice un trato con él: "Yo te voy a servir con las fuerzas que tú me des, pero no quiero discutir con las juntas de las iglesias, tú te harás cargo de mí".

Después de más de 60 años de servicio, Dios ha sido fiel.

Nadie podrá decir que yo he pedido un aumento de sueldo (sigo siendo herencia de Jehová). Tampoco podrán decir que he pedido dinero prestado, aun cuando en ocasiones Dios ha permitido que pase por momentos difíciles.

Siento que soy amado entre el pueblo latino de los Estados Unidos y Canadá. Me siento feliz por haber formado parte de la edificación de dos templos que son orgullo de nuestro distrito y de la Iglesia General misma.

Mi tiempo es de Dios, él me ha dado en abundancia y me ha permitido recorrer gran parte del mundo. Mi vida es él, no pido nada porque nada me falta, solo tengo un deseo...
¡Quiero morir vivo! ✞

Gratitud a Dios y a mi Iglesia

**Rev. Moisés Márquez Fernández
Ministerio Hispano, Trinity
Church of the Nazarene
Duncanville (Dallas), Texas**
"... pero yo y mi casa serviremos a Jehová"
(Josué 24:14-15 RVR60).

NACÍ EN UN HOGAR CRISTIANO Y DESDE PEQUEÑO FUI INSTRUIDO EN EL CAMINO DE DIOS. Mi padre, el Rev. Raúl Marquez, fue pastor en la Iglesia del Nazareno desde 1938; mi madre creció en la iglesia, fue de las niñas que corrían entre las bancas de la Segunda Iglesia del Nazareno de México, D.F. Allí la conoció mi padre en su juventud y se casaron cuando ella tenía 15 años y él 25. Soy el quinto de nueve hijos de ellos, cuatro mujeres mayores que yo.

La instrucción dentro del camino del Señor y la disciplina de mis padres fue constante; como todo hijo de pastor, tenía que estar siempre en los servicios de la iglesia. Crecí en ese ambiente cristiano, con los niños y los jóvenes, participando en muchas actividades. Mi madre me instruyó en la Palabra de Dios y siempre se preocupó por mi vida espiritual. Me gustaba mucho cantar los himnos y que mi voz sobresaliera en toda la congregación. Alguna vez me quedé dormido debajo de una banca o detrás de una puerta, hasta que me iban a buscar ya con el templo cerrado y la luz apagada.

Recuerdo que un domingo mi padre me ordenó cerrar la puerta del templo, tenía yo 10 años y como la misma estaba muy pesada, la cerré tan fuerte que el cristal de arriba se desprendió en pedazos hiriéndome muy fuerte en la cabeza; después me rozó la oreja y me hizo una herida en el cuello que estuvo a punto de costarme la vida, al pasar muy cerca de la vena aorta. Pero Dios me cuidó.

Un día mi padre fue invitado a pastorear una iglesia en la Monterrey, Nuevo León. Terminé mis estudios de secundaria en la ciudad de México y en Monterrey continué estudiando. Empecé a participar con los jóvenes en la iglesia formando parte de un cuarteto; también me gustaba mucho asistir a los campamentos anuales del distrito y Dios empezó a cambiar mi vida.

Estudié la carrera de Derecho en la Universidad de Nuevo León y me recibí como abogado en 1973. Tuve mi despacho jurídico desde 1974 hasta 1986. Mis clientes fueron empresas, iglesias y personas cristianas. Me propuse como meta que, al cumplir 35 años de edad, estaría en la cumbre de mi carrera con dinero, fama y fortuna. Pero Dios tenía otros planes para mí y fue precisamente que, al cumplir esa edad, él me llamó a su santo ministerio. Como abogado me sentía muy altivo y veía como algo inferior el pastorado. Pero Dios cambió mi perspectiva y todo lo tuve por basura para servir al Señor. Fue entonces que empezó a gustarme más que la gente me llamara "pastor", hermosa palabra.

Le pedí a Dios una compañera y me dio a Irma, a quien amo y respeto; nunca ha habido entre nosotros un golpe, un empujón o un forcejeo. Este año cumplimos 43 años de casados.

El Señor nos dio cuatro hijos: tres hombres y una mujer; ellos crecieron en la iglesia en un ambiente cristiano y también asistieron a los campamentos, participaron con los jóvenes y aprendieron música. Hasta el día de hoy le sirven al Señor en diferentes ministerios:

Moisés Jr. y Aracely son pastores en la Iglesia del Nazareno "Cristo Vive", en Arlington, TX.

Alex y Cinthia han ejercido un fructífero ministerio entre los jóvenes, y

Manuel e Isabel son pastores en la Iglesia Bautista "Génesis" en Garland, TX.

Nuestra hija Ana Laura y su esposo Jon apoyan como líderes de alabanza en la iglesia "Cristo Vive". Le doy gracias a Dios porque ha hecho de nosotros un linaje escogido. No solo nuestros hijos, sino que también nuestras nueras, yerno y nietos.

En 1980 Dios empezó a llamarme al ministerio, pero me rehusaba a obedecerlo, pensando que como abogado era imposible que también fuera pastor. Pero él me seguía hablando y yo le respondía: "Señor, yo te sirvo en la iglesia como laico;

soy maestro de la escuela dominical; soy el organista y dirijo el coro, creo que eso es suficiente". Pero Dios continuaba llamándome cada vez con más insistencia.

Un día orando al Señor le dije: "Señor, la Séptima Iglesia de Monterrey tiene dos años sin pastor, si en verdad me estás llamando a que te sirva envíame ahí sin que yo tenga que hacer nada. Aunque, como abogado que soy, creo que no podré ser pastor". Esa era mi excusa para no obedecer. Así transcurrió un año y medio y en ese transcurso de vez en cuando preguntaba si ya tenía pastor esa iglesia y, cuando me decían "no, aún no", mi corazón latía cada vez más fuerte.

Un sábado de agosto de 1982, estando en mi despacho jurídico recibí una llamada de quien en ese tiempo era el Superintendente del Distrito, el Rev. Moisés Esperilla, quien me dijo: "Moisés, ¿puedes ir mañana a predicar a la Séptima Iglesia?, yo tengo que ir a otra y no hay quien me ayude". "Sí, con mucho gusto", le contesté. Fue una sorpresa grande para mí, porque yo le había dicho al Señor que fuera él quien me mandara ahí. Durante esos dos años ya habían ido cinco pastores, pero ninguno se quedó.

El siguiente sábado recibí otra llamada del Superintendente pidiéndome lo mismo. Ese segundo domingo los pocos hermanos que había en esa iglesia me dijeron: "Hermano, por la tarde también tenemos reunión, pero estamos solos, ¿puede venir a predicarnos?" Y esa noche me volvieron a decir: "Hermano Moisés, lo invitamos a nuestros servicios del martes y el jueves". Así que fui esos días también. Al tercer domingo nos acompañó el Superintendente y les dijo a los hermanos de la iglesia: "Faltan cuatro meses para la asamblea de distrito, prueben con el hermano Márquez y me dicen si quieren que él se quede como pastor de la iglesia". Y después de los cuatro meses el llamado fue por un año.

Un día le dije al Señor: "Voy a estar en esta iglesia sólo un año y regreso a mi trabajo como abogado". Pero lo que él quería de mí era algo diferente. Así fue que nuestro pastorado ahí se extendió por 15 años. En 1986 cerraron todas las oficinas en donde estaba mi despacho jurídico y fue de esa manera como Dios lo cerró. Desde entonces hemos sido pastores de tiempo completo.

En 1990 fui invitado por el Hno. José Pacheco a colaborar como redactor de la revista para jóvenes titulada *Conquista Juvenil*. Fueron muchos los testimonios que recibimos de cómo la misma impactaba en la vida de los jóvenes en toda Latinoamérica. También tuve el privilegio de ser distribuidor de Casa Nazarena de Publicaciones en el norte y noreste de México, en donde pudimos servir a muchas iglesias con nuestra literatura.

En 1993, a través del Plan Impacto Dios nos dio un grande avivamiento en la Séptima Iglesia que duró hasta 1997. Llegamos a contar con 20 células de oración en los hogares con tres líderes cada una. Celebrábamos una reunión semanal los lunes con los 60 líderes a la que nombramos "célula madre". Y fue así como muchas almas fueron ganadas para Cristo. Crecimos y establecimos otras iglesias, una que aún persiste llamada "Iglesia del Nazareno Camino Nuevo y Vivo", en Ciudad Guadalupe, Nuevo León, México.

En julio de 1997, me llamó por teléfono el Dr. David Nixon, Superintendente del Distrito de Dallas, invitándome para venir como pastor a la Primera Iglesia Hispana en esa ciudad. El Coordinador Hispano era el hermano Abiel Hernández, quien inició el 15 de julio nuestros trámites migratorios y recibimos la respuesta favorable el 31 del mismo mes, solamente dos semanas tardó migración en aceptarnos, lo demás fue el papeleo necesario. Entramos mi familia y yo a los Estados Unidos con visa religiosa y a la vez como residentes permanentes.

Llegamos a la Primera Iglesia el 5 de octubre de 1997, en una nueva aventura, por primera vez en los Estados Unidos. Fue una extraordinaria experiencia. Dios nos dio un período de mucho trabajo y crecimiento. Nuestra membresía aumentó de 70 a 150. Las finanzas, después de estar en números rojos, llegaron a tener un fondo de $17,000.00 dólares. Pagamos todos los presupuestos y llegué a ser uno de los pastores hispanos mejor pagados en el distrito.

De nuevo en julio de 2001 me llamó el Hno. Roberto Moreno Jr., para decirme que en Nazarene Publishing House (Casa Nazarena de Publicaciones) había una posición de trabajo vacante. Dios estaba abriendo una puerta más para llegar a trabajar en las Oficinas Generales de la Iglesia a través de Casa Nazarena de Publicaciones, una nueva experiencia maravillosa.

En mis visitas a Kansas City como editor de *Conquista Juvenil* y distribuidor de Casa Nazarena, se consumó un sueño que albergué por mucho tiempo: formar parte del equipo de trabajo de las Oficinas Generales de nuestra iglesia.

Llegué a Nazarene Publishing House en donde estaba Casa Nazarena, el 8 de agosto de 2001, con el puesto de Ejecutivo de Ventas y responsable directo de la línea 800 en español. Tres maravillosos años sirviendo a Dios en el ministerio de la literatura. Mi esposa colaborando algunas veces en la corrección ortográfica de materiales de escuela dominical.

En febrero de 2004 recibí un correo electrónico con la leyenda: "Ven a Carthage y ayúdanos". Era una invitación para iniciar el ministerio hispano en ese pequeño pueblo del sur de Missouri. Y el 14 de ese mismo mes fuimos a una entrevista en donde nos hicieron la invitación formal para iniciar una iglesia con los hispanos de ese lugar, así como para ser el coordinador de las iglesias hispanas del Distrito de Joplin, Missouri.

En NPH, en marzo de 2004, nos reunieron a los empleados de Casa Nazarena y la gerencia nos informó que las oficinas se mudarían a Argentina, en Sudamérica, que teníamos trabajo hasta finales de julio. Pero gracias a Dios que nosotros ya teníamos la invitación de Carthage, Missouri, a donde llegamos el primer domingo de agosto, listos para empezar una nueva aventura.

El pastor americano de esa iglesia era el Dr. Joe Lee y su esposa Deletta Tomkings, quienes habían estado orando durante siete años para iniciar un ministerio hispano en su iglesia. Dios contestó sus oraciones a través de nosotros. Llegamos el 4 de agosto de 2004, con un nuevo desafío: iniciar una iglesia hispana comenzando de cero personas. Por la gracia del Señor nos dio 10 años muy bendecidos en ese lugar; dejamos una membresía de 150 personas y, como Coordinador del Distrito de Joplin, iniciamos la iglesia de Carthage, de Neosho y de Goodman, Missouri, así como otra en Pittsburg, Kansas. Ya estaban formadas las iglesias de Monet y Noel, también en Missouri. Muchas personas aceptaron a Cristo en las diferentes congregaciones, para la gloria de

Dios.

En Carthage iniciamos otro hermoso ministerio: el de ir a predicar a la cárcel del condado. El Señor nos permitió por espacio de siete años y medio celebrar servicios cada martes con los varones hispanos; durante ese tiempo ministramos a más de 1,000 internos y de ellos unos 400 aceptaron a Cristo como su Salvador.

Como Coordinador del Ministerio Hispano, iniciamos también los campamentos familiares cada año; cultos unidos mensualmente; cena de Navidad con reconocimiento a los pastores, y la Escuela del Ministerio con los cursos de los Módulos de la Iglesia del Nazareno.

En octubre de 2013, recibí una llamada telefónica del Pastor Jim Fitzgerald, invitándome a ministrar como pastor hispano en Trinity Nazarene en Duncanville, Texas, quien me dijo: "¿Te gustaría venir a Duncanville como pastor hispano cerca de donde viven tus hijos?"

Inmediatamente aceptamos, sabiendo que Dios nos estaba trayendo a este lugar. Iniciamos nuestro ministerio en Trinity el primer domingo de febrero de 2014. Hemos completado tres años y gracias a Dios nos ha respaldado, contando ya con una congregación de 120 personas y seguimos creciendo.

2016 año de la prueba

"Aunque ande en valle de sombra de muerte, no temeré mal alguno, porque tú estarás conmigo" (Salmos 23:4). Este fue un año muy difícil para mí por motivos de salud. En febrero empecé a padecer de la próstata; me aplicaron un tratamiento de microondas para reducir su tamaño y una biopsia

arrojó como resultado que tenía cáncer, por lo que me sometieron en mayo a un tratamiento de 25 radiaciones, de lunes a viernes durante cinco semanas. Cuando me estaban preparando para un implante de semillas radioactivas, mi doctora familiar tenía que dar su autorización para el implante. Ella me mandó hacer unos estudios del corazón y resulté con problemas del mismo; me envió con el cardiólogo y, a través de una cateterización, me encontraron dos venas tapadas en un 90 por ciento.

El cirujano determinó que necesitaba una operación a pecho abierto para implantar dos puentes o "bypasses". Así fue como el 8 de agosto de 2016, en una operación de cuatro horas y media, me quitaron una vena de la pierna derecha y abriendo mi esternón, me pusieron dos puentes o bypasses.

Estuve 3 días en terapia intensiva y 3 días más en piso regular. Esos días fueron mi estancia en el hospital, pero siempre confiando en el Señor y con el apoyo de mi esposa y nuestros hijos que estuvieron cuidándome.

Mi rehabilitación cardiaca duró cuatro meses y hoy, después de siete meses me siento muy bien. Seguimos adelante en nuestro ministerio con muchas expectativas de las grandes cosas que Dios va a hacer en nuestra iglesia. Iniciamos con 20 personas y gracias a Dios hoy tenemos 120, aunque somos parte de la iglesia americana deTrinity.

Por la gracia de Dios estamos cumpliendo 35 años en el llamado de Dios al ministerio, desde aquel mes de agosto de 1982 hasta la fecha y seguimos contando.

Dios ha sido fiel en su cuidado y respaldo en nuestro ministerio y solo podemos decir que grande ha sido su amor y misericordia para nosotros. ✞

La Historia de un Pastor de Almas

Dr. Alejandro G. Sandoval
Febrero, 2017

- ❖ Nota Introductoria
- ❖ Nacimiento y Familia
- ❖ Relación Inicial con la Iglesia del Nazareno
- ❖ El Llamamiento de un Muchacho de 15 Años de Edad
- ❖ Breves Asignaciones Pastorales en México
- ❖ Matrimonio
- ❖ Asignaciones Pastorales en Estados Unidos
- ❖ Milagro, un Segundo Llamado a Pastorear la Misma Iglesia
- ❖ ¡A sus Órdenes, mi General!
- ❖ Una Comisión Para Toda la Vida
- ❖ Los Cristianos Nunca se Dicen Adiós por Última vez

Nota Introductoria

AL LEER ESTE DOCUMENTO EL LECTOR PODRÁ DARSE CUENTA de que estas notas no son la ficción de una historia imaginaria, sino el relato cierto de un alma redimida. Este es un récord breve que abarca 60 años de trabajo pastoral. Alguna persona se preguntará, y con justa razón: "¿Cómo es posible resumir en pocas páginas una labor de 60 años de servicio ministerial?" Lo cierto es que no será fácil hacerlo, pero con la ayuda de Dios lo intentaremos.

Además, en una autobiografía existe el peligro de que las cosas que se mencionen pudieran verse como una señal de vanidad personal, cuando en realidad esto no sea así. En nuestro caso, aquí deseo indicar que si algo digno de mención está anotado en estas páginas, todo el crédito pertenece a Dios. En realidad, esto es una comprobación de lo que el Señor puede hacer con un pecador transformado por gracia.

Finalmente pido a Dios que lo que se menciona en estas líneas sobre la vida de Teresa y la mía, la de nuestra fe, nuestro amor y nuestro trabajo, el Señor lo tome en sus manos para que lo transforme en un legado sagrado. Pedimos que esto sirva como estímulo al servicio fiel de ministros jóvenes que se han iniciado en la jornada más importante de su vida: la de anunciar el evangelio de salvación a las almas perdidas.

Nacimiento y Familia

AUNQUE PAREZCA INCREÍBLE, TENGO TRES FECHAS DE NACIMIENTO. La primera fecha está indicada en el registro oficial de mi nacimiento, el 25 de noviembre de 1937. La segunda fecha me la dio una linda tía llamada Esperanza. Cuando yo tenía unos 10 años de edad, ella me dijo que me habían registrado dos meses después de la fecha de mi nacimiento, y que la verdadera fecha en que yo había nacido era el 28 de septiembre de 1937. Siendo que ella era una persona seria, confiable, y que, habiéndolo afirmado con un buen nivel de certeza, lo más probable es que esto haya sido cierto.

La tercera fecha de mi nacimiento es la más significativa de todas, noviembre de 1952, cuando nací de nuevo, cuando Dios me hizo nueva criatura en Cristo Jesús. ¡Gloria al Señor!

Fui el séptimo hijo de una familia de 10. El nombre de mi padre fue Mucio Sandoval Espinoza, excelente violinista. El nombre de mi madre fue Adela Garza Rábago, hermosa ama de casa. Todos mis hermanos y hermanas nacimos en un pequeño pueblo llamado Castaños, del Estado de Coahuila, México. El nombre de mi hermano mayor fue Valdemar, luego Gilberto, después Guadalupe. Las tres hermanitas siguientes murieron en su infancia: Amalia, Julia y Ema. Después de ellas nací yo, luego Elena, a ella le siguió Ema, otra hermana que nació después y que llevó el nombre de una de las niñas fallecidas en la infancia, y finalmente Efraín. Siendo una familia de escasos recursos financieros, el futuro de todos era un tanto incierto. Pero sabemos que aun en circunstancias de pobreza, Dios puede cambiar el futuro de aquellas personas que le aman y le sirven. En 1949, nos mudamos de Castaños a Nueva Rosita, Coahuila.

Relación Inicial con la Iglesia del Nazareno

MI ASISTENCIA A LOS SERVICIOS DE LA IGLESIA DEL NAZARENO se inició durante el mes de noviembre de 1952. Mi madre Adela había estado enferma por algún tiempo. Entonces, a través de Justo Ramos, esposo de mi hermana Guadalupe, el pastor de la Iglesia del Nazareno, Eugenio Garza, fue invitado a visitar nuestro hogar. El pastor fue a nuestra casa, hizo oración por ella y a la vez le habló sobre la salvación de su alma. Poco tiempo después mi madre falleció. De inmediato el pastor Garza regresó a nuestra casa para invitarnos a asistir a los servicios de la iglesia, y así lo hicimos, con excepción de mi padre.

La iglesia era una congregación pequeña, pero con una grande fe en el Señor y un genuino entusiasmo espiritual. El hijo del pastor, llamado Joel, conducía los servicios de alabanza tocando su guitarra, y lo hacía muy bien. Eso de inmediato me llamó la atención, puesto que yo también sabía tocar la guitarra. Así que le pregunté a Joel si podía traer mi guitarra y ayudarle con la música en el tiempo de la alabanza. Joel estuvo de acuerdo y así fue como me interesé aún más en continuar asistiendo a la iglesia.

Llamamiento de un Muchacho de 15 Años de Edad

DURANTE MI ASISTENCIA A LOS SERVICIOS DE ADORACIÓN, me deleitaba escuchar los sermones del pastor Garza. Es probable que el no haya tenido la oportunidad de recibir estudios ministeriales para su preparación pastoral. Posiblemente fue llamado al servicio del Señor siendo un laico consagrado. Pero en sus sermones era dinámico, entusiasta y sobre todo muy bíblico. Constantemente citaba Las Sagradas Escrituras en todos sus mensajes. Así que, escuchándolo predicar en esa forma, me dije a mí mismo: "Cómo me gustaría un día predicar, así como el pastor lo hace".

En ese momento yo no sabía lo que estaba pasando conmigo, ni lo que significaba un llamamiento al servicio del Señor, puesto que tenía poco tiempo de asistir a la iglesia. Además, yo no había escuchado un sermón sobre el llamado al servicio cristiano. Con toda seguridad afirmo que ese deseo de predicar como lo hacía el pastor, fue la semilla que Dios sembró en mi corazón para llamarme posteriormente a su santo servicio.

Después de mi conversión me fui a Chicago, Illinois, en busca de trabajo. Duré poco tiempo allá. Durante mi estancia en esa ciudad asistí a una iglesia cristiana muy cercana al lugar donde estaba viviendo. Un día el pastor de esa iglesia anunció que Bill Graham iba a estar en la ciudad y que estaba invitando a todos los pastores a una reunión de planeamiento para una cruzada que pensaba celebrar precisamente en Chicago. Resulta que el pastor de esa iglesia me invitó y me llevó a esa reunión. Bill Graham estuvo a la puerta saludando a todas las personas que estaban llegando. Así que el hermano Sandoval tuvo la bendición de estrechar la mano del predicador que ha sido el profeta del siglo. ¡Después del saludo no me lavé las manos durante un mes!

Al poco tiempo de haber regresado de Chicago, asistiendo a una Asamblea Anual del Distrito Norte de México, celebrada en Monterrey, Nuevo León, Dios confirmó en mi corazón ese llamado al servicio pastoral. Así que, sin pensarlo dos veces, de inmediato me inscribí como estudiante en la Escuela Bíblica del Distrito Norte en Monterrey.

Dios se sale del formato oficial para llamar a su servicio a un muchacho sin futuro, sin fortuna y sin un historial de servicio cristiano. Nunca hubo un pastor en la familia, ni siquiera un laico, un familiar cercano o lejano que me orientara en mi fe, y que me estimulara a responder positivamente a un llamado pastoral. Pero aun con todas esas desventajas, Dios sabe a quién llamar, cuándo hacerlo y dónde hacerlo. Desde aquel tiempo y hasta el día de hoy, ese llamamiento ha sido confirmado una y otra vez.

Breves Asignaciones Pastorales en México

AL TERMINAR DOS AÑOS DE ESTUDIOS EN LA ESCUELA BÍBLICA, fui asignado por períodos cortos a tres diferentes lugares. La razón por la cual fueron períodos breves se debió a que, habiendo vacantes pastorales repentinas, era más fácil trasladar a un pastor joven y soltero que a un ministro con familia, y especialmente si el cambio sucedía a la mitad del año escolar de los hijos.

El primer lugar asignado fue La Presita, San Luis Potosí. Ese pueblo estaba tan aislado que en ese tiempo la única forma de llegar al lugar era por medio del ferrocarril. Mi estancia allí fue por dos meses.

La segunda asignación pastoral fue la Iglesia del Nazareno de Piedras Negras, Coahuila. Estando allí, como no tenía otra cosa pendiente qué hacer, más que la de atender el trabajo de la iglesia, me pasaba el tiempo visitando hogares, así que la iglesia comenzó a crecer. Recuerdo particularmente a un ministro jubilado, ya muy anciano, y miembro de la iglesia en ese lugar, que cuando llegó el Superintendente de Distrito, Rev. Carlos Stopani, para visitar la iglesia, ese anciano ministro le dijo al superintendente: "No se lleven a este muchachito, al hermano Sandoval, déjenlo aquí". Cuando recuerdo a ese anciano de Dios, le digo al Señor: "Dámele un abrazo a ese lindo anciano".

Por último, y aun por un periodo más corto, estuve pastoreando la Primera Iglesia del Nazareno de Monterrey, N. L. Estas asignaciones, siendo breves, comenzaron a formar mi vida pastoral.

Matrimonio

En 1957 comencé a venir a Los Estados Unidos con mayor frecuencia. Durante los años de 1957 a 1963, me mantuve predicando el evangelio en diferentes iglesias, y en algunas ocasiones celebrando campañas de evangelismo.

En 1961, sosteniendo una semana de servicios especiales en San Angelo, Texas, conocí a la que ha sido mi querida esposa por 53 años, Teresa Rodríguez. En esa campaña, durante el día ella visitó la iglesia y, estando fuera del templo, me vio y le dijo a una amiga suya: "Se me hace que ese predicadorcito no llega a ninguna parte". Resulta que ese pastorcito, el hermano Sandoval, sí que llegó lejos, pues conquistó su corazón, amándola con toda su alma. Después de conocernos por dos años, un laico de la iglesia a donde ella asistía, me acompañó a la casa de su padre, el Sr. José Rodríguez, para pedir en matrimonio la mano de su hija Teresa.

Resulta que el buen hermano que iba a ser mi suegro, me dijo en calidad de advertencia: "Hermano Sandoval, quiero decirle que Teresa no sabe cocinar". Teresa me dijo poco tiempo después que yo, el hermano Sandoval, muy acomedido le dije a su padre: "No se preocupe, hermano José, yo le enseño a cocinar". Qué casualidad.

Con la bendición de Dios y de sus padres, nos casamos el 3 de agosto de 1963. De luna de miel nos fuimos a Austin Texas, y durante esa semana estuve predicando todas las noches y mi esposa fue asignada como directora de la Escuela Bíblica de Vacaciones celebrada en la misma iglesia y en la misma fecha. Esa sí que fue una verdadera luna de miel para nosotros. ¡Gloria al Señor!

Dios en su bondad nos dio tres hijos: Wanda, Dan e Iris. Ahora tenemos 11 nietos y cinco bisnietos. Todos ellos han sido el amor de nuestra vida. Dios ha cumplido su palabra en nosotros, pues hasta ahora hemos visto con nuestros propios ojos la tercera y cuarta generación de nuestra familia. Les confieso que estos nietos y bisnietos son los más lindos de todo el territorio. Todos se parecen a su abuelo. ¡Si los vieran! Y por supuesto, las nietas, todas se parecen a su linda abuelita.

Asignaciones Pastorales en Estados Unidos

EN OCTUBRE DE 1963 MI ESPOSA Y YO ASISTIMOS A UN RETIRO DE PASTORES NAZARENOS en Prescott, Arizona. En ese tiempo no se acostumbraba que las esposas de los pastores asistieran a los retiros pastorales. A mí me pareció que la presencia de mi esposa en ese retiro quebró el hielo, porque desde el año siguiente comenzaron a llegar todas las esposas a dichos retiros. Gracias a Dios.

Desde ese tiempo en adelante las esposas han alegrado y adornado con su presencia cada retiro pastoral. Tal vez en ese tiempo nadie advirtió esa pequeña contribución que hizo mi esposa a los retiros pastorales.

En esas mismas reuniones en Prescott Arizona, fuimos asignados por el Superintendente de Distrito, Rev. Juan Madrid, a pastorear la Segunda Iglesia del Nazareno de Ensenada, Baja California. Esta, como las demás iglesias en territorio mexicano, fueron en ese tiempo parte del Distrito Occidental establecido en Estados Unidos, con oficinas es el área metropolitana de Los Angeles, California.

La Segunda Iglesia de Ensenada, en realidad no era una iglesia establecida todavía. Allí se habían celebrado Escuelas Bíblicas de Verano para los niños de la comunidad. Al llegar a Ensenada, arribamos solamente con unas dos maletas de ropa. No teníamos sofás ni mesa, tampoco sillas ni cama en qué dormir, ni utensilios de cocina. Y mi linda esposa Teresa nunca se quejó conmigo de las limitaciones en las que comenzamos nuestra vida juntos. Entonces, un gran amigo nuestro, el Dr. Raymundo López, pastor en Los Ángeles, nos proveyó de muebles para la casa pastoral. Muchas gracias, hermano López.

Así que esta fue una nueva obra nazarena que con la ayuda del Señor mi esposa y yo iniciamos juntos. Lo que sí se había hecho y con una visión clara y una fe segura, fue la construcción de un amplio templo de bloques de cemento. En un año de trabajo y sobre todo con la ayuda de Dios se pudo establecer un promedio de asistencia de 40 personas.

Al estar pastoreando esa iglesia en Ensenada, recibíamos de salario pastoral la cantidad de $70.00 dólares mensuales. Ya para la última semana de cada mes, no teníamos los medios para comprar alimentos. Pero teniendo un Dios bueno, sabio y basto, nos puso nada menos que el Océano Pacífico como a medio kilómetro de distancia. Así que cada cuarta semana del mes era tiempo para ir de pesca. Como resultado, en vez de estarnos lamentando, teníamos grandes banquetes de pescado.

Hermano pastor, fiel siervo del Señor, si no tienes los medios para suplir las necesidades básicas de tu familia, y si por alguna razón no razonable no tienes físicamente cercano el Océano Pacífico, sigue confiando, hermano mío, Dios te dará sustento como lo hizo con el profeta Elías.

En algunos de mis pastorados las iglesias no estaban en condiciones de proveer un salario básico, pero el Señor me dio la gracia suficiente para no reclamarlo a la junta de la iglesia. Por esa razón algunas veces me vi en la necesidad de buscar otro empleo de tiempo parcial. No es pecado tener un empleo secular cuando es necesario tenerlo, siempre y cuando el trabajo de la iglesia tome la prioridad. Cada pastor es digno e idóneo en la obra del Señor. Es adecuado para el trabajo al cual ha sido llamado, con o sin salario. Con una nota un pastor recibió un insulto ofensivo junto con el cheque de su salario, el cual decía: "Un salario inadecuado para un pastor inadecuado". Eso no es la verdad. Un pastor idóneo es perfectamente adecuado como ministro del evangelio, con dinero o sin dinero.

Pasado ese año de servicio en Ensenada, nos regresamos a San Angelo, Texas, donde radicaban los padres de mi esposa Teresa. En esa misma ciudad nació nuestra primera hija, Wanda. En el siguiente año, 1966, el Superintendente del Distrito Central Latinoamericano con oficinas en San Antonio Texas, el Dr. Everett Howard, nos asignó como pastores a la Iglesia del Nazareno de Odessa, Texas, ciudad al oeste del Estado.

En ese lugar nació nuestro segundo retoño, nuestro hijo Dan. La iglesia había estado cerrada por algún tiempo. De hecho, la propiedad había sido puesta en venta anteriormente. Pero gracias a Dios la iglesia y el trabajo se re-establecieron de nuevo. Hoy es una iglesia próspera, creciente y activa. En ese lugar estuvimos ministrando por tres años, tiempo inolvidable que todavía permanece en nuestra mente y en nuestro corazón.

Después de ministrar en la iglesia de Odessa, nos mudamos a Kansas City, Missouri, pero sin asignación pastoral. Allí vivimos durante un año, pero nos mantuvimos activos en la Iglesia del Nazareno hispana, situada en el barrio de Argentina, donde ministraba un excelente pastor, el Dr. John Hall Jr. En esa linda ciudad de Kansas City nació nuestra hija menor llamada Iris. Durante ese tiempo mi esposa estuvo trabajando en las oficinas de "Radio Liga", un programa radial de la Iglesia del Nazareno en ese tiempo.

En 1969 aceptamos el llamado a pastorear la iglesia Columbia Heights, en San Antonio, Texas. En el primer año de nuestro pastorado la asistencia a los servicios era mínima, así que comencé a visitar con frecuencia a los miembros de la iglesia. Algunos de ellos me dieron la impresión siguiente: "¡Ay, Señor, ya viene otra vez el pastor!". Esto me recuerda la historia de aquel pastor que llegó a visitar a uno de sus miembros. Sonó el timbre y nadie vino a la puerta. El pastor tenía la idea de que había gente en la casa, entonces volvió a sonar el timbre, pero nadie respondió. Finalmente dejó su tarjeta y en el reverso escribió: "He aquí estuve a la puerta y llamé, si alguno oyere mi voz y abriere la puerta, entraré" (Apocalipsis 3:20). Dos días después el ministro recibió de regreso su tarjeta en un sobre con una nota que decía: "Oí tu voz en el huerto, y tuve miedo, y me escondí, porque estaba desnudo (Génesis 3:10)".

Al poco tiempo decidí visitar con mayor frecuencia hogares nuevos y, como resultado, la iglesia comenzó a crecer. Pasados los días los miembros perezosos de la iglesia dijeron: "El pastor ya no nos visita como antes". Bandidos.

En San Antonio, mi esposa estuvo estudiando por dos años consecutivos en el San Antonio College para obtener un Bachillerato en Educación. En la iglesia de Columbia Heigths se estableció por primera vez el ministerio de autobús, por medio del cual una buena cantidad de niños nuevos eran transportados a la Escuela Dominical. En cada iglesia en la que el Señor nos concedió trabajar como pastores, teníamos a la mejor pianista de todo el Estado de Texas, a la linda hermana Sandoval.

En una ocasión en la que se tuvo un concurso de asistencia a la Escuela Dominical entre todas las iglesias del distrito, alcanzamos en un domingo la asistencia de 165 personas presentes. Terminamos nuestro tiempo de servicio en esa iglesia con un promedio de asistencia de 70 personas a los servicios de los domingos por la mañana. Estando de pastor en esa iglesia de Columbia Heights, por la bendita gracia de Dios fui ordenado al santo ministerio en abril 14, 1972, por el Superintendente General Dr. Edward Lawlor. Durante los cuatro años y medio de pastorado en esa iglesia, estuve estudiando en el Seminario Nazareno Hispanoamericano establecido en la misma ciudad de San Antonio.

Después de la graduación de dicho seminario el 15 de junio de 1973, solicité y fui aceptado en la Southern Nazarene

University, de Bethany Oklahoma. Fue para mí una de las grandes experiencias educacionales el haber estudiado en esa institución. Los profesores, hombres dedicados a la buena enseñanza no podían ser mejores.

Recuerdo particularmente al Dr. Rob Staples, un gran instructor y hombre de Dios. Con ese profesor, en 1975, varios estudiantes de la Universidad hicimos un viaje de estudios sobre el pensamiento de Juan Wesley a Londres, Inglaterra. Después de cinco semestres de estudios, el Señor nos permitió graduarnos, a mi esposa con un Bachillerato en Educación y a mí con una Maestría en Religión en mayo de 1976.

Recuerdo que durante los ejercicios de graduación y particularmente durante la marcha de salida de los graduados, llegó a mi mente una urgencia muy difícil de controlar, y era la de salir de las filas y correr al altar para darle gracias a Dios por haberme permitido terminar mis estudios, pero con gran dificultad me detuve. Ahora lamento no haberlo hacho, pero mi sentido de gratitud a Dios ha sido expresado con mucha frecuencia.

Al terminar los estudios en la universidad aceptamos el llamado de Dios y del Superintendente de Distrito, Rev. H. O. Espinoza, para tomar el pastorado de la Primera Iglesia del Nazareno de San Antonio, Texas. Si se hiciera un análisis para saber qué debe suceder para determinar un pastorado de éxito, bien podrían ser algunas cosas como las siguientes: buena estabilidad espiritual de la iglesia, una posición doctrinal basada en las Sagradas Escrituras, su relación directa con el Creador de la iglesia, por su crecimiento en la ganancia de almas, por el buen testimonio de sus miembros, por su espíritu misionero, por un mensaje centralizado en la vida de santidad.

Creo con certeza que esta fue la forma en la que se desarrolló nuestro ministerio en esa y en todas las iglesias en las cuales Dios nos concedió servir.

Uno de los deleites espirituales de mi ministerio en esa iglesia fue nuestra relación pastoral con todos sus miembros. Ellos fueron muy queridos por toda mi familia. Allí comenzaron a crecer a su adolescencia nuestros hijos. Los hermanos siempre respaldaron a cada una de las fases de nuestro trabajo pastoral, amando tanto a mi esposa Teresa como también a un servidor.

Recuerdo en particular uno de los proyectos que sirvió para hermosear el interior del santuario, y fue el siguiente. La linda pared del interior del templo, la que está tras el púlpito, con la ayuda del Señor la pude diseñar. También, con la ayuda de los fieles hermanos la cubrimos de madera muy fina y teñida con un color café claro y con exquisitos diseños en las uniones de la madera. Hoy, cada vez que visitamos esa iglesia, donde pastorea eficazmente el Dr. Joe Dimas, nos llenamos de nostalgia y de los hermosos recuerdos de nuestro tiempo en ese lugar. Además, me sorprende en forma muy positiva el hecho de que después de 38 años que han pasado, muchas de las familias de ese tiempo todavía permanecen en la iglesia, fieles al Pastor de los pastores.

Al terminar tres años de servicio pastoral en San Antonio, nos mudamos a Dallas, Texas, para asistir a la Escuela de Teología Perkins-Southern Methodist University, para obtener una Maestría en Divinidades. En esa institución estuve estudiando solamente por un año. La razón fue que por recomendación del Dr. José Rodríguez y del Dr. W. M. Greathouse, era mejor que terminara esa clase de estudios en el Seminario Teológico Nazareno, de Kansas City, Missouri. Pero antes de mudarnos a esa ciudad, plantamos la Primera Iglesia del Nazareno de Dallas.

Fue muy interesante el plantamiento de esa nueva iglesia. Resulta que, en nuestro primer domingo en Dallas, visitamos la iglesia del Nazareno en De Soto, donde estaba de pastor el Rev. Bill Duke. Al terminar el servicio de esa mañana se nos dio el nombre y la dirección de una familia nazarena que venía de Monterrey N. L, buscando una Iglesia del Nazareno, hispana, a la cual asistir, la cual no había. Aun sin tomar los alimentos del medio día, nos fuimos de inmediato a buscar a esa familia nazarena.

Fue para nosotros una agradable sorpresa encontrarlos. Allí conocimos al hermano Epigmenio Rosas, su esposa Leticia, y sus hijos, Xiomara, Walter y Tony. Sin pensarlo mucho tiempo en esa misma hora los hermanos Rosas y nosotros hicimos planes para iniciar una Escuela Dominical en su casa el siguiente domingo, y así se hizo. El resultado del servicio ese domingo fue el siguiente: Mi hija Wanda dio la clase dominical a los niños, yo enseñé la clase a los jóvenes y adultos. En el servicio se cantaron himnos, se reunieron diezmos y ofrendas y se proclamó la Palabra del Señor. La asistencia de ese domingo fue de 24 personas. La fecha de ese primer servicio fue el 19 de septiembre de 1979.

Al iniciar la Primera Iglesia de Dallas, de inmediato nos pusimos en contacto con el Superintendente de Distrito, Dr. W. M. Lynch. Conocerlo fue una bendición ministerial de gran provecho. Sin duda alguna él fue un modelo para cualquier pastor en servicio. En su persona pude ver cómo debe conducirse un buen líder en la iglesia del Señor. Fue muy comprensivo, justo, equitativo, y un perfecto caballero con todos sus pastores. Nunca le escuché decir algo negativo de los ministros bajo su jurisdicción. Fue el mejor ejemplo que un líder en cualquier nivel de trabajo pueda seguir. En cada etapa de mi trabajo en Arizona traté de recordar su proceder, y tal vez con un intento muy limitado traté de seguir sus pasos.

Después de ese trabajo y tiempo de estudios en Dallas, nos mudamos a Kansas City, para iniciar los estudios planeados allá. Durante dos años estuvimos tomando cursos que enriquecieron nuestra mente y nuestro corazón. Las enseñanzas recibidas en esa institución no solo fueron de beneficio personal, sino que también ese beneficio se esparció por 34 años en las iglesias y el distrito en el cual servimos. Durante ese tiempo de estudios, estuvimos asistiendo a la Iglesia del Nazareno de Kansas City, Kansas, la cual pastoreaba un gran amigo nuestro, el Rev. José Carrillo. Al terminar el programa de estudios nos graduamos el 24 de mayo de 1982.

Concluida esa etapa de nuestra vida nos regresamos a Dallas, Texas. Estando ya en ese lugar que tanto hemos amado, nos dimos a la tarea de iniciar otra nueva iglesia. Esta nueva congregación la comenzamos en el área de Pleasant Grove, uno de los suburbios de Dallas. La iglesia anglo, Lake Church of the Nazarene, nos facilitó un pequeño salón, separado del templo, para nuestros servicios.

De nuevo, como en las veces anteriores, nos dimos a la tarea de visitar hogares y buscar almas preciosas para el reino de Dios. Aproximadamente un año después de su inicio, cuando ya teníamos suficiente membresía, el Superintendente de Distrito, Dr. W. M. Lynch, vino para declararla oficialmente como una iglesia organizada.

En 1984, fui invitado por el Dr. H. T. Reza para servir como decano del Seminario Nazareno de México. Estando ya trabajando en el seminario no se me dio la oportunidad de funcionar para el oficio al cual había sido llamado. De hecho, ni siquiera tuve acceso al archivo de los estudiantes registrados. En lo que se me mantuvo ocupado, cosa para la cual no había sido llamado, fue en dar algunas clases ministeriales a los jóvenes alumnos. Al finalizar el año de trabajo regresé a Dallas, Texas. Estando de nuevo en casa nos dimos a la tarea de iniciar otra iglesia más. Esta nueva obra se inició en Irving, Texas. Los servicios se comenzaron en un anexo de la Iglesia del Nazareno americana en la misma ciudad. Después de ministrar por un tiempo en ese lugar, el trabajo lo continúo el Rev. Eneas González. Hoy la congregación está muy bien establecida y es fuerte.

Creo que lo más importante de mi trabajo ministerial fue el de plantar cinco nuevas iglesias, por lo menos hasta ese tiempo. Esto, en mi opinión, pudiera ser considerado como un legado para nuevos ministros, un tipo de patrón a seguir. Pienso que el valor de una herencia como esta consiste en la permanencia presente y futura de las iglesias que fueron plantadas. Con fe pido a nuestro bondadoso Padre celestial, que después que él me haya llevado a mi nueva dirección, esas iglesias continúen activas por muchos años más alcanzando nuevas almas para el reino de los cielos.

Milagro: Segundo Llamado a Pastorear la Misma Iglesia

FUE PARA MÍ UNA EXPERIENCIA MUY SIGNIFICATIVA EL HABER

SIDO LLAMADO a pastorear por segunda vez la Primera Iglesia del Nazareno de Dallas, Texas. Durante ese pastorado mi esposa Teresa estuvo trabajando como maestra en la escuela primaria llamada Zaragoza Elementary School, lugar muy cerca de la iglesia y de la casa pastoral.

En esa ocasión servimos de los años 1989 a 1993. Ese tiempo de servicio fue importante por varias razones. En primer lugar, el Distrito de Dallas había comprado un pequeño templo de madera y ya muy antiguo, que incluía una casa más deteriorada que el templo. El precio total de la compra fue la cantidad de $25,000 dólares. Un costo muy razonable por esa propiedad. Aun con todas las desventajas que tenía, el lugar fue suficiente para el inicio de la iglesia.

La segunda cosa interesante en esta historia es la siguiente: Resulta que, al cruzar la calle de la propiedad de la iglesia, se edificó un gigantesco hospital, y eso de inmediato elevó el valor de las propiedades a su alrededor. Y como era de esperarse, el hospital le puso el ojo al templo. El final de la historia fue que el hospital compró nuestra propiedad por la cantidad de $185,000 dólares.

En tercer lugar, con el dinero de la venta se compró un amplio lote por la cantidad de $100,000 dólares, ubicado por la Terry Ave., el centro de una comunidad hispana.

En cuarto lugar, la construcción del templo y del anexo también fue un milagro del Señor. Después de haber pagado el nuevo lote, el dinero restante no era suficiente para edificar los dos edificios, sin embargo, con la ayuda de Dios se pudo hacer. Durante el tiempo de construcción el único lugar para celebrar los servicios semanales fue la casa pastoral. Quitamos temporalmente la pared que dividía la sala y el comedor, y aun con la limitación de espacio, hicimos lugar para albergar a la congregación cada día de servicio. Así que los milagros continuaron en cada etapa de la construcción.

A las siete de la mañana llegaban los obreros ocupados por salario. Cuando ellos terminaban la jornada del día los hermanos de la iglesia comenzaban a llegar para ayudar con el proyecto de la construcción. Yo estaba en el lugar de la obra desde las siete de la mañana y me regresaba a la casa después de que los miembros de la iglesia se iban a sus hogares. ¡Ah, pero qué sabrosa era la cama del descanso a las once de la noche!

En quinto lugar, recuerdo particularmente a un excelente grupo de jóvenes que teníamos en la iglesia. Ese grupo de buenos chicos que nos ayudó, sus edades fluctuaban entre los 17 y 20 años de edad. Ellos pusieron todo el ladrillo exterior tanto del templo como del anexo. Esa fue una tarea gigantesca, ya que se trataba no solamente del templo, sino también de un anexo de dos pisos.

Además, cuando se iban a instalar esas armazones triangulares, las cuales sirven para construir el techo (truces), ¿cómo subirlas hasta el segundo piso del anexo? Eso era un verdadero dilema. Un pastor anglo que supervisaba la construcción nos dijo que teníamos que rentar un tractor para subir esas armazones. Yo les pregunté a los jóvenes si nosotros mismos podíamos subirlas. No fue necesario hacer la pregunta ni escuchar la respuesta. En cuestión de dos horas las armazones estaban en su lugar. El buen hermano supervisor movió su cabeza y sonrió complacido.

Durante mi servicio en esa iglesia el distrito organizó un concurso de asistencia a la Escuela Dominical en el que participaron todas las iglesias. Había tres premios para los tres primeros pastores con las asistencias promedio más altas. ¿Y quién creen ustedes que ganó uno de los premios ofrecidos? Pues la Primera Iglesia y su simpático pastor, el hermano Sandoval. ¿Y cuál creen ustedes que fue el premio otorgado? Pues nada menos que un viaje pagado a Londres, Inglaterra.

En ese viaje, de entre los lugares que visitamos, fue el Lincoln College donde Juan Wesley hizo sus estudios ministeriales. También visitamos Epworth, el pueblo natal de Wesley. Con anticipación se hicieron reservaciones para rentar un cuarto donde dormir en la misma casa donde Juan Wesley nació. Los tres pastores nos quedamos a dormir en el mismo cuarto. Antes de dormir les conté a los pastores una historia humorística relacionada a la casa de los Wesley.

Esta historia no se cuenta con frecuencia en los lugares donde se discute la teología de Wesley. Según se dice que en la casa de los Wesley se aparecía un fantasma, al cual Samuel, el padre de Juan, le puso por nombre "Mr. Jeffrey. El relato informa que ese fantasma movía con frecuencia los muebles o cosas en el interior de la casa. Un día, Samuel se molestó por las bromas del fantasma y le dijo con voz dominante: "Mr. Jeffrey, quiero verte de inmediato en el sótano de la casa". Cuando Samuel trató de abrir la puerta que conducía al sótano, la puerta estaba cerrada con llave por el otro lado. Así que, al contarles esta historia a los otros dos pastores, les dije: "Tengan cuidado con Mr. Jeffrey".

Cierto día rentamos un automóvil para ir a Oxford. El problema para conducir en Londres es que la gente maneja sus autos en el lado contrario de la calle, esa es la forma en la que el tráfico se conduce allá, y no estando acostumbrados a eso, sería un problema. Cuando ya se rentó el automóvil, uno de los pastores, El Rev. Tommy Loving, se sentó al volante y, con una solemnidad pontifical, dijo: "Vamos a orar". Un tanto en forma de broma, yo me pregunté: ¿Por qué no confió ni la oración ni el automóvil a ninguno de nosotros? Yo pienso que él quería estar seguro de pedir con una fe completa y a la vez estar seguro que su petición sería oída. Como dicen por allí: "No quiso tomar chanzas" con otro chofer al volante y con una fe ajena.

A sus Órdenes, mi General

CUANDO YA SE TERMINÓ EL PROYECTO DE CONSTRUCCIÓN de la Primera Iglesia de Dallas, me sentí feliz y satisfecho por una buena obra concluida. Entonces, en consulta con los miembros de la iglesia seleccioné uno de los cuartos de la planta baja del anexo como la oficina del pastor. Los buenos hermanos de la congregación comenzaron a llevar cosas para adornar la oficina. Un escritorio, cuadros para las paredes, una maquina eléctrica de escribir con un carril de dos pies de largo, entre otras cosas.

Estando listo para estrenar mi linda oficina, recibí una llamada telefónica del Superintendente General, Dr. William Prince. En esa llamada me preguntó si estaba dispuesto a tomar la superintendencia del Distrito Suroeste Latinoamericano con oficinas en el área metropolitana de Phoenix, Arizona. Yo le respondí agradecido por la oportunidad y a la vez le mencioné que me gustaría orar y platicar con mi esposa sobre el asunto. Me indicó que estaba bien, pero que tenía 24 horas para tomar la decisión. Yo, desde luego, como todo buen soldado raso, me cuadré y le dije: "A sus órdenes, mi general".

En ese tiempo mi esposa era maestra de escuela pública, así que yo fui a su salón de clase cuando los niños ya habían salido de sus aulas. Cuando llegué al lugar le indiqué que tenía algo importante que comunicarle. Entonces le expliqué la llamada del Dr. Prince. Desde luego, hicimos lo que cualquier pastor haría en nuestro lugar, y fue el de orar al Señor buscando su dirección. El siguiente día llamamos al Superintendente General indicándole que aceptábamos la asignación que se nos había hecho.

Unos días después la noticia de nuestra asignación llegó a oídos de nuestros compañeros de ministerio que servían en el área de Dallas. Una pareja de entre ellos vinieron y me dijeron: "Nadie sabe para quién trabaja", refiriéndose a la terminación de la construcción del templo, del anexo y de la hermosa oficina pastoral y que ahora tenía que dejar todo eso para alguien más. Yo contesté con una convicción ardiente: "Yo sí sé para quién trabajo. Lo supe desde que me llamó a trabajar para él".

Al mismo tiempo en que eso estaba sucediendo, Teresa había solicitado ingreso en la Texas State University, de Commerce, para obtener un grado PHD (doctorado en filosofía y letras), y fue aceptada a ese programa doctoral. Sin embargo, cuando aceptamos la asignación para servir en Arizona, dejó todo eso sin queja alguna, feliz y dispuesta a seguirme en el trabajo al cual Dios me había llamado. Así que por eso y mil cosas más, siempre estaré en deuda con mi preciosa Teresa.

Al despedirnos de una iglesia a la que hemos amado tanto, llegamos al Distrito Suroeste Latinoamericano en septiembre de 1993, dispuestos a cumplir con el trabajo al que Dios nos había llamado. En la primera reunión con la Junta Consultora de Distrito, les indiqué que habíamos ido para servir sin reserva de ninguna clase, dispuestos a trabajar para Dios y para todas las iglesias del distrito. Al mismo tiempo les hice saber que los tomaría en cuenta en todas las decisiones importantes que tuvieran que hacerse. Eso me dio las bases pare decir que, si las cosas salían bien, todos recibiríamos el crédito, y que, si por alguna razón no teníamos buenos resultados por las decisiones tomadas, todos tendríamos que aceptar los resultados.

Pronto comenzamos a conocer las familias pastorales del distrito. Iniciamos eso primero en el área de Phoenix. Al hacerlo nos dimos cuenta de que algunas iglesias eran fuertes y otras en buen estado de crecimiento. La Primera Iglesia de Phoenix estaba en el proceso de hacer arreglos pastorales, así que de inmediato nos pusimos a trabajar con la junta local de la iglesia sobre ese asunto.

Además, nos dimos cuenta de que tres iglesias del distrito habían estado cerradas por algún tiempo: Yuma, Arizona; Denver, y Pueblo, Colorado. El primer lugar al que fuimos fue a Yuma. Allí encontramos a un hombre que dormía en los anexos del templo y que al mismo tiempo cuidaba de la propiedad. Ese hombre nos abrió las puertas del templo. Al entrar nos dimos cuenta de que era un amplio lugar con una capacidad para unas 150 personas, pero sin la presencia de un pastor ni de una congregación. La primera cosa que mi esposa y yo hicimos fue la de ir directamente al altar para pedir al Señor la gracia y la sabiduría necesarias para abrir de nuevo y en forma permanente las puertas de aquel hermoso lugar para adorar a Dios.

A mi esposa no le gusta que mencione lo siguiente, pero lo haré para la honra del Señor. Resulta que cuando nos mudamos de Dallas a Arizona, ella sacó del Distrito Escolar de Dallas donde trabajaba como maestra, su dinero de jubilación, lo cual no era demasiado. Así que cuando nos levantamos de orar del altar en la iglesia de Yuma, me dijo que del dinero que recibió de su jubilación quería donar $5,000 para salario pastoral y así abrir de nuevo el templo de Yuma. Dios muy pronto nos guió para encontrar al Rev. Ernesto Velázquez, un excelente pastor que estuvo dispuesto a abrir de nuevo el trabajo del Señor en ese lugar. En cuestión de un año la iglesia se estableció y creció, gracias a Dios y al ministerio de un buen pastor. En la iglesia de Denver, Colorado se instaló al pastor Rubén Sotelo y, en Pueblo, Colorado, al pastor Philip Patalano.

¿Cómo describir en poco espacio los resultados del trabajo de 14 años de servicio en el Distrito Suroeste Latino Americano? Creo que bien se podría escribir un libro completo sobre eso. Me limitaré por lo tanto a mencionar en unas líneas el progreso logrado. Las iglesias crecieron, se duplicó la membresía. Las finanzas aumentaron considerablemente. Se plantaron nuevas iglesias, se compraron propiedades, se edificaron templos, casas pastorales y anexos. Durante nuestro trabajo el distrito pasó de fase uno a fase dos. Como resultado se establecieron las bases para que ahora el distrito pueda elegir a su propio Superintendente de Distrito. En el presente el superintendente electo es el Rev. Benjamín López. Este simpático superintendente me comunicó el 29 de enero de 2017, que, en la Asamblea Anual de abril, 2017, el distrito pasó a ser de fase tres. ¡Gloria al Señor por esta gran victoria!

Los miembros de la Junta Consultora de Distrito fueron un don de Dios para que yo pudiera funcionar con efectividad. Cada vez respondieron positivamente a nuestra forma de liderato. Como buenos líderes facilitaron cada fase del trabajo que yo tenía que hacer.

Queridos hermanos de esa junta consultora, no necesito mencionar sus nombres, ustedes saben quiénes son. Doy gracias a Dios por cada uno de ustedes. Por haberles conocido y por la bendición de haber trabajado a su lado para el engrandecimiento del reino de Dios. Gracias por su amistad y su amor. Les recordaremos siempre.

La Asamblea Anual de Distrito de mayo 4-5 del año 2007 fue inolvidable para nosotros. En esa reunión oficial concluyó nuestro servicio en ese amado distrito. Todos los informes, y particularmente los mensajes del Dr. Paul Cunningham fueron la nota final que culminó la armonía total de la asamblea. El servicio del día 4 por la noche fue dedicado a nuestra despedida del distrito. Con lágrimas, abrazos y muchos regalos recibidos, les dijimos a todos los hermanos: "Nos volveremos a ver otra vez".

Ahora estamos viviendo al sur de Fort Worth, Texas. Estando aquí iniciamos otra nueva iglesia en Arlington, Texas. Hoy es una iglesia organizada y creciente. Esa congregación es ahora pastoreada por el Rev. Moisés Márquez, hijo. Como podrá verse, nos hemos jubilado ya por segunda vez del ministerio pastoral. ¿Habrá una tercera jubilación para nosotros?

Una Comisión Para Toda la Vida

YO NACÍ DE NUEVO PARA PREDICAR EL EVANGELIO, las demás

cosas que vinieron a nuestra vida fueron incidentales. En cada iglesia donde el Señor me permitió servir, anunciar el evangelio fue mi pasión, mi amor, mi vida, mi respiración espiritual. Esta fue y continúa siendo la comisión de toda una vida al servicio del Señor. Ya estoy viviendo en los días de mi año número 80, pero mi mente y mi corazón palpitan y se agitan como los de un hombre de 30 años de edad. Mi oración al Señor es que me dé lucidez mental para continuar predicando con un buen nivel de gracia e inteligencia. Predicar el evangelio sería la última cosa que yo dejaría de hacer debido a extrema vejez o a la falta de salud corporal.

Mi anhelo es morir predicando el evangelio como aquel anciano ministro, que al estar tras el púlpito predicando la Palabra, le dijo a su congregación: "Este es mi tercer punto", y en ese momento el Señor se lo llevo al cielo. Su partida fue una gran lección, inolvidable para los miembros de su iglesia, pues su tercer punto fue su partida a la eternidad. Ese mismo punto quiero que sea el final de mi servicio en la tierra. "Si ustedes un día escuchan que Alejandro Sandoval ha muerto, no les crean, porque entonces estaré más vivo que lo que estoy ahora". ¿Cuál quisiera usted que fuera el tercer punto del final de su ministerio?

Seamos predicadores de la doctrina de la santidad. Eso pondrá las bases para un ministerio efectivo y un verdadero crecimiento de la iglesia. En los últimos tiempos el crecimiento instantáneo de la iglesia es la fiebre actual de algunos líderes religiosos modernos. No les importa el método ni las consecuencias de un crecimiento que en efecto no es real. No están interesados tanto en vidas libres del pecado, sino en templos llenos de gente que no ha hecho profesión de fe y que no ha dado evidencia de un cambio real de conducta. Han hecho de la iglesia un club social confortable donde sus asistentes no tengan que preocuparse por la presencia del pecado en sus vidas. Palabras como corrupción moral, mundanalidad, adulterio, homosexualidad, condenación eterna, infierno, ya no forman parte del vocabulario de su púlpito, como lo dijera un amigo que tengo: "Para ellos es pecado hablar del pecado" (Rev. Carlos Sol). William Booth, el fundador del Ejército de Salvación, dijo: "Soy de la opinión de que el peligro mayor que confrontará el próximo siglo, será una religión sin el Espíritu Santo, un cristianismo sin Cristo, perdón sin arrepentimiento, salvación sin regeneración".

Ministros, fieles profetas del Señor, prediquemos el evangelio como lo recibimos de los que primero lo anunciaron. Proclamémoslo con voz de trueno, sin titubeo, sin disculpas, sin excusas. Hablemos del pecado y de sus horrendas consecuencias. Al mismo tiempo anunciemos las posibilidades de la gracia, de lo que significa la libertad completa del pecado. Hablemos de la experiencia de santidad disponible para todos los creyentes. "Prediquemos como si Cristo hubiera muerto ayer, como si Cristo hubiera resucitado hoy, y como si Cristo fuera a venir mañana por la mañana" (Martin Lutero).

En el momento en que Dios transformó mi vida, se abrió para mí un nuevo horizonte de oportunidades. Siempre estaré en deuda con Dios y la Iglesia del Nazareno por las siguientes razones: Esta iglesia fue el medio por el cual Dios transformó mi vida y el canal por el cual fui llamado a su servicio. Además, porque esta institución sagrada me admitió en las filas de sus pastores. También por haberme aceptado en las aulas de sus instituciones educativas. Porque en su seno fui instruido para la tarea total de mi vida. De entre muchos de los buenos profesores que Dios puso en mi camino, sobresalen dos mentores muy dignos de mención, el Dr. José Rodríguez y el Dr. Rob L. Staples. Con gracia y sabiduría ellos me enseñaron a entender mejor Las Sagradas Escrituras y a comunicar su contenido con la mayor integridad posible. Doy gracias a Dios por estos dos gigantes de la fe cristiana.

Los Cristianos Nunca se Dicen Adiós por Última vez

AL ESTAR ESCRIBIENDO LA ÚLTIMA PARTE DE ESTE CAPÍTULO, Y APENAS HACE UNOS DÍAS, mi esposa Teresa cambió de residencia. Todo sucedió así: Ella padeció de diabetes por más de cuatro décadas. Su situación se agravó en los últimos 14 años. Primero, sus riñones dejaron de funcionar. Después se le hizo una cirugía de corazón abierto. Más tarde se le tuvo que hacer un trasplante de riñón. También padeció un ataque al corazón, lo cual la dejó en silla de ruedas. Hace unos tres años estuvo en estado de coma.

En junio de 2013, de nuevo le dejo de funcionar el riñón, y ya no fue posible hacerle otro trasplante, lo cual la retornó al tratamiento de diálisis. A mitad del año 2016, se le paralizó el corazón y, por intervención divina, las enfermeras la volvieron a la vida. Esa fue su lucha de la vida por la vida. ¿Quién podría soportar todas estas cosas sin dar una sola queja? Ella jamás se quejó ante Dios a causa de todas esas adversidades que llegaron a su vida. Ni por un solo segundo renegó de su fe en Dios. A pesar de todo mantuvo una actitud firme y fiel ante el Señor. Una sola vez durante todas sus luchas me preguntó: "¿Por qué?" La única cosa que yo le pude decir fue que aun grandes hombres y mujeres de fe han padecido las peores enfermedades que hay en este mundo, y que a algunos de ellos les costó la vida tal sufrimiento, pero que nosotros deberíamos seguir confiando en el Señor. Y así lo hizo, cada día con una mayor fe que el día anterior. Ella fue un testimonio viviente para el hombre que la amó y vivió a su lado por 53 años, el hermano Sandoval.

Dios y mi esposa caminaron juntos por más de 57 años. Ellos dos caminaron y caminaron, y volvieron a caminar, lejos y más lejos cada vez. Hasta que el día 24 de enero de 2017, yendo en esta caminata, el Señor le dijo a mi esposa: "Oye, Teresa, ya hemos caminado juntos muy lejos y por mucho tiempo, y ahora estamos más cerca de mi hogar que del tuyo, ¿quieres venirte conmigo a mi casa?" Ella con una sonrisa en su rostro aceptó la invitación del Señor. Así que se fueron juntos a la casa de Dios, al nuevo hogar de Teresa Sandoval.

¿Qué se puede decir o hacer cuando uno ha perdido el amor de su vida? Yo perdí a mi esposa amada, mis hijos perdieron a la madre más buena del mundo, mis nietos y bisnietos a la abuela que los amó hasta el final. Pero, ¿en realidad la hemos perdido? No. No la hemos perdido, solamente cambió de residencia. Ahora está en la compañía de Dios por toda la eternidad. Ella fue mi porrista o fan ministerial. En cierta ocasión ella me dijo: "Nunca dejes de predicar el evangelio, no importa qué te diga la gente, tú sigue predicando". Cuando me tocaba anunciar el evangelio, ella me daba la impresión de que no estaba escuchando a su esposo predicar, sino a un pastor que amaba la salvación de las almas, entonces ella sonreía. Hace poco también me dijo: "Quiero que prediques en mi funeral". En sus servicios funerales del 27 y 28 de enero de 2017, quienes predicaron fueron el Dr. David Downs y el Rev. Moisés Márquez, hijo. Yo solamente tomé unos minutos para hablar y mi mensaje para ella consistió de cinco palabras: "Teresa, te amo, te amo". Ella ya no está conmigo, pero está con el Señor. Ya no vive aquí, pero vive en el cielo. Ya no está en compañía de seres humanos, pero ahora vive en compañía de ángeles. Preciosa Teresa, un día de estos te volveré a ver, y entonces te veré para siempre. Por la fe afirmamos que los cristianos nunca se dicen adiós por última vez. La razón es obvia: el Señor nos volverá a reunir otra vez en el reino de los cielos donde ya no seremos separados otra vez.

Cierto hombre de Dios estaba en sus últimos días de vida sobre la tierra. Cuando algunos de sus amigos en la fe solicitaron verlo antes de partir a la eternidad, el rehusó sus visitas. El enfermo también tenía un amigo que era ateo, el cual también solicitó ir a verlo. Él sí fue aceptado. Cuando ya los dos estaban conversando, el incrédulo le pregunto al hombre de Dios porque había rechazado las visitas de sus hermanos en la fe y él había sido aceptado. Esta fue su respuesta: "A ellos los volveré a ver, pero a ti no".

Queridos hermanos en la fe, amigos pastores y laicos de las iglesias, ustedes han sido una inspiración para nuestra vida y ministerio, tanto para mi esposa Teresa como para mí. Se los agradezco de todo corazón. Les recuerdo con alguna frecuencia y eso trae contentamiento a mi corazón. Es probable que les vuelva a ver en alguna reunión pastoral, pero si no sucede, los volveré a ver, porque los cristianos nunca se dicen adiós por última vez. Así que, hasta pronto. ✞

"HERMOSA ES LA HEREDAD QUE ME HA TOCADO"

Dr. Carlos D. Sol
Springdale, Arkansas

Uno de mis versículos favoritos de la Biblia es: "*Hermosa es la heredad que me ha tocado*" (Salmos 16:16). Y ciertamente, Dios en su infinita y eterna sabiduría quiso que tuviese la bendición de nacer en un hogar donde mis padres me enseñarían desde pequeñito el camino de Dios, y con su ejemplo me guiarían en la senda del servicio incondicional a su obra. Es así como con profundo agradecimiento a ellos escribo estas líneas de servicio a Dios y a nuestra amada iglesia. Mi deseo es que sea de ayuda y bendición a quienes las lean.

Expreso mi profundo agradecimiento a mi amada esposa, mi compañera de vida por 52 años, Edna Sol, a quien Dios ha usado para animarme, apoyarme y ha trabajado bastante fuerte, haciendo conmigo un equipo por todos estos años de ministerio y, con ella, agradezco a Dios por los cinco hijos que nos ha dado y los nueve nietos, los cuales están en el camino del Señor y, una de ellas, Annette, sirviendo a Dios en el ministerio juntamente con su esposo Javier.

Mi padre, el Rev. Lauro Sol Molina, nació en Villaflores, Chiapas, México, el 11 de julio de 1911, hijo de Higinio Sol García y de Altagracia Molina Gómez, originarios de Villaflores, Chiapas. Mi abuelo era carpintero de oficio aunque también trabajaba en sus terrenos sembrando maíz y otras verduras. El oficio de mi abuelita era el hogar, pues tuvo varios hijos, entre ellos mi padre quien sirvió a Dios por más de 50 años, ya que el Señor lo llamó a su presencia de un ataque al corazón tres días después de que predicó su último sermón. Mi madre, Ofelia Orea Luna, nació en la ciudad de México el 19 de septiembre de 1922, hija de Humberto Orea y de Micaela Luna, quienes tuvieron siete hijos, de los cuales dos de ellos sirvieron a Dios como pastores, y mi madre sirvió a Dios como diaconisa consagrada por espacio de 63 años. Edna, mi esposa, fue hija del Sr. Néstor Gutiérrez y de la Sra. Elizabeth Mellones. Ellos tuvieron siete hijos, de los cuales dos de ellas, Lidia y mi esposa, han servido a Dios como esposa de pastor.

Al abrir las páginas de mi vida, entre las primeras, me ubican en la ciudad de mi nacimiento, Arriaga, Chiapas.

Desde pequeño, me llevaban a una escuelita (tendría unos cuatro años de edad), mi maestra era una joven que lo que más me llamaba la atención de ella era que tenía su cabello largo, que le llegaba más abajo de la cintura. Era muy buena con nosotros los alumnos. Esa dama siempre se me quedó grabada en la mente. Años después, cuando mi padre fue enviado como pastor a Tuxtla Gutiérrez, Chiapas, su esposo sería mi maestro de escuela dominical, el hermano David Pardo, miembro de la iglesia con su familia. En seguida llegué a saber que aquella señorita que fue mi maestra en Arriaga en aquella escuelita, era ahora nada menos que la esposa de mi maestro de escuela dominical. Aquella misma dama, llamada Martha Ruth Pardo que, por cierto, después de 20 años, llegarían a ser mis tíos políticos por ser tíos de la señorita que llegó a ser mi esposa, Edna Gutiérrez Mellanes. Interesante, ¿verdad?

Mis Años en el Seminario de San Antonio, Texas

EN MAYO DE 1960, VIAJÉ DE LA CIUDAD DE MÉXICO A SAN ANTONIO, TEXAS. Me había hecho la idea de que Estados Unidos era un país cristiano. Fue grande mi desilusión desde que llegué a Laredo, Texas. La verdad es que observé rápidamente que no era nada de lo que yo había escuchado. En toda forma, al llegar a San Antonio, el profesor José C. Rodríguez fue por mí y me llevó al Seminario. Esa sería una nueva etapa de mi vida que cambiaría completamente el rumbo de la historia de mi vida. Entre las cosas que ayudaron a mi ánimo, fue la amable recepción y carácter del profesor Rodríguez, y el haberme encontrado con otros jóvenes que les veía felices y que me brindaron su amistad. Desde el primer servicio en la capilla me sentí con confianza y supe que muchas cosas buenas vendrían a mi vida, bajo la premisa de una actitud positiva y la mejor disposición de estudiar y prepararme para lo que sería mi futuro ministerio.

Mi Experiencia en el Pastorado

MI PRIMERA INVITACIÓN PARA EL PASTORADO, VINO DE PARTE DEL REV. HAROLD L. HAMPTON, quien entonces fungía como superintendente del ahora desaparecido Distrito Hispano del Este, que cubría los estados de New York, Connecticut y New Jersey. Ese distrito tenía pocos años de iniciado, como resultado de la obra evangelística iniciada entre las personas de origen puertorriqueño y que empezaron a reunirse en la calle Stanton, en Manhattan. Cuando el Rev. Alberto Espada Matta tomó el pastorado inició una nueva era evangelística trabajando fuertemente como pastor de la iglesia en Manhattan; ésta creció y llegó a ser una preciosa congregación viéndose en la necesidad de comprar un edificio de cuatro pisos en la calle Rivington, donde se estableció la Iglesia del Nazareno Hispana; a la vez, trabajó en el inició de la obra en el Bronx, N.Y, y la obra continuó extendiéndose a otras ciudades tales como: Passaic, Patterson y Jersey City en el estado de New Jersey, después a Stamford y Bridgeport Connecticut. Y más.

Viendo el Rev. Espada Matta que se necesitaban obreros para atender las obras, inició en su templo en Manhattan un centro de preparación para líderes capacitados y personas llamadas al ministerio. Fue allí donde inicié siendo co-pastor y con el privilegio de enseñar a los candidatos al ministerio.

Confieso que era una experiencia maravillosa ver el grupo de hermanos que asistían a las clases, con tanto interés de prepararse para servir a Dios.

Mi vida se enriqueció y obtuve una nueva dimensión del pastorado y el evangelismo, gracias a la bendición de escuchar las conferencias y predicaciones de ese gran hombre de Dios, el Rev. Espada Matta.

El 21 de mayo de 1965, mi prometida, la Srita. Edna Gutiérrez, graduó del Seminario Nazareno de San Antonio, Texas y viajó a estar con sus padres, en Tuxtla Gutiérrez, Chiapas y hacer los preparativos para nuestra boda que se celebraría el 15 de junio en la Primera Iglesia del Nazareno de esa ciudad, oficiando en la ceremonia mi muy amado y recordado padre, el Rev. Lauro Sol Molina, siendo pastor de la iglesia, el Rev. Jonás Aquino López.

Nuestro regreso al pastorado en New York fue en término de días. Durante la Asamblea de Distrito fui electo presidente de Jóvenes de Distrito y editor del boletín de distrito llamado *El Nazareno Hispano*, que presentaba un artículo del Superintendente, un corto editorial por este servidor, así como noticias de las varias iglesias y actividades en el distrito.

Durante la segunda asamblea de Distrito, fui nombrado pastor titular de la Iglesia del Nazareno hispana en la ciudad de Brooklyn, N. Y. (Wyona St), donde nuestro muy amado hermano Francisco Negrón dejaba ese pastorado jubilándose y ahora llegábamos nosotros como jóvenes con mucho interés e ímpetu para llevar adelante esa tarea. El templo estaba ubicado en un área en que la mayoría de la población era de color e italianos, la minoría eran hispanos. Era un área nada segura, pero ahí Dios había querido llevarnos y nosotros estábamos dispuestos a esforzarnos.

El 10 mayo de 1966, Dios nos dio un regalo precioso, nació nuestra primogénita, una bebita hermosa, a quien pusimos por nombre Nellie Ofelia que vino a completar la felicidad de nuestro matrimonio, pero mi esposa quedó delicada de salud, al punto de que fue necesario hospitalizarla para exámenes que enseñaron que era necesaria una cirugía, mientras nuestra bebita recién nacida quedaría a cargo de una linda familia de la iglesia de Manhattan.

No fue nada fácil para mi esposa ni para mí, pero sabíamos que, aunque vinieran pruebas, dolor, enfermedad y separación temporal de nuestra bebita, las promesas de nuestro amante Dios eran seguras y se estaban cumpliendo en nosotros: *"Esfuérzate y sé valiente...Como estuve con Moisés, estaré contigo; no te dejaré ni te desampararé"* (Josué 1:6-9 parafraseado). Al estar lejos de la familia, y pasando por tiempos sumamente difíciles aún desde el principio de nuestro ministerio, hemos estado aprendiendo que el depender de Dios y no en el hombre es la clave para alcanzar las victorias que Dios promete a los suyos. Mi esposa volvió a casa y nuestra bebita también, agradeciendo grandemente a los hermanos que la cuidaron y seguimos ocupados en nuestra tarea.

Fue en estos años que, como presidente de jóvenes de distrito, tuve la bendición de organizar servicios de distrito, y campañas simultáneas de evangelismo con énfasis en la juventud, pidiendo a nuestros pastores del distrito que fueran nuestros predicadores intercambiando púlpitos. Dios bendijo en gran manera estas actividades. A nivel distrital, hicimos una convocatoria a la juventud para escoger a cuatro jóvenes que el distrito becaría para que asistieran al primer Congreso Internacional de Jóvenes en Golden Bell, Colorado, bajo la dirección del Presidente Mundial Rev. John Hancock, y el Secretario General, Paul Skiles. Se celebraron servicios maravillosos llenos de bendición.

Al siguiente año, el Superintendente del Distrito, Rev. Everette D. Howard, nos envió una invitación para aceptar una iglesia en el estado de Texas. Después de consideraciones, creímos que deberíamos aceptar. Nuestra decisión no fue fácil, estábamos dejando a hermanos muy amados y a congregaciones con quienes de una manera u otra nos dieron el privilegio de ministrar con ellos. Fue así, como empezamos nuestro ministerio en el distrito de Texas.

El Dr. Howard nos llevó a Mercedes, Texas. Una congregación pequeñita, formada especialmente por damas que amaban a Dios y a la iglesia, pero en donde los varones emigraban a los trabajos al norte del país, y la poca población que quedaba trabajaba en el campo, trabajo que debían hacer los siete días a la semana. Gente trabajadora, sufrida y muy amable. Con ellos quisimos trabajar a más no poder. El ministerio allí requería que el pastor fuera bi-vocacional y, por falta de trabajos, la situación era bastante difícil.

Fue aquí donde Dios nos dio la bendición de conocer a un gran siervo de Dios que ya estaba jubilado, pero con una hoja de servicio limpia ante Dios y ante la iglesia, respetado y muy amado, era nuestro muy amado hermano Cipriano Flores, un hermano que, a pesar de su avanzada edad, siempre le caracterizaba su santa conducta y lindo carácter, siempre dispuesto a servir a pesar de sus limitaciones de salud. Pero nos apoyó, respaldó y trabajó bastante con nosotros. Fue una verdadera inspiración para nuestra vida.

Durante nuestro ministerio aquí, Dios nos regaló otra bellísima bendición: el nacimiento de nuestra segunda preciosa bebita a quien le pusimos por nombre Edith. Ahora nuestras dos bebitas eran nuestro gozo y representaban mucha más atención. Más que en el terreno de la casa pastoral y templo salían por todas partes muchas tarántulas, que eran sumamente peligrosas para cualquier persona y máxime para unas pequeñas.

Otra de las situaciones duras y difíciles en esa ciudad, fue la llegada del huracán Beulah, casas, carros por doquiera fueron destruidas, árboles, etc. Pero alabamos a Dios porque nos cuidó en medio de todo el daño que hizo a su paso ese huracán.

Durante el poco tiempo que permanecimos en esa área del Valle de Texas, Dios también nos bendijo con la experiencia cristiana y amistad de nuestros hermanos pastores, como el Rev. Diego Ortiz, Omar Ríos, Héctor Raygoza y otros más.

Nuestro segundo pastorado en Texas, fue en Corpus Christi. La Junta Oficial de la iglesia nos extendió la invitación y con gran gozo tomamos ese ministerio. Varias cosas importantes y bendiciones de Dios vinieron a nuestra vida en esa ciudad.

Primero: Dios nos permitió iniciar en la congregación clases para preparar a mejores maestros de escuela dominical y líderes locales.

Segundo, Dios nos abrió la puerta de manera maravillosa la oportunidad de empezar un programa de radio de 15 minutos todos los domingos por la mañana, llamado "Cantos de la Vida Feliz", que consistía en presentar himnos con el mensaje evangelístico, una breve meditación bíblica e invitación a los servicios de la iglesia. Debido a su amplia aceptación, la gerencia de la estación me ofreció otros 15 minutos gratuitos.

Así que pude conseguir que el Dr. Honorato T. Reza. (quien me conocía desde mi niñez) nos ayudara enviándonos el programa oficial de la Iglesia: "La Hora Nazarena", programa que se trasmitía cada domingo. Como resultado de estos programas y esfuerzo evangelístico, muchas personas visitaron nuestra iglesia. Sólo la eternidad mostrará los resultados de almas que escucharon esos programas y fueron alcanzadas con el mensaje de Dios por medio de la radio, por esos cinco años de ministerio en esa linda ciudad.

Tercero: El amor de Dios se manifestó nuevamente en nuestro hogar: Dios nos dio una nueva y preciosa bebita, a quien pusimos el nombre de Eunice. Su llegada no fue nada fácil para mi esposa, pero la pusimos en la manos de Dios y se la consagramos aun antes de nacer, ¡gloria a Dios!, nació, necesitaron atención médica la bebita y mi esposa, pero en todo ello veíamos y sentíamos la mano maravillosa de Dios.

Cuarto: Nuevamente la Palabra de Dios nos fortalecía al recordar: *"Cuando pases por las aguas, yo estaré contigo; y si por los ríos, no te anegarán. Cuando pases por el fuego, no te quemarás, ni la llama arderá en ti. Porque Yo Soy Jehová tu Dios, el Santo de Israel, Soy tu salvador"* (Isaías 43: 2-3).

En verdad, refugiarse en la Palabra de Dios es nuestro mejor lugar de refugio. ¡Es lugar seguro! Lo escrito en ella fue dictado por Dios mismo y podemos estar seguros de que

Dios todavía está en su trono y sus promesas son fieles. ¡Tiempos difíciles, sí, pero hay seguridad y gozo en el Señor!

Quinto: La quietud y belleza de esa ciudad se opacó, cuando nos hicieron saber que deberíamos prepararnos porque un nuevo huracán se acercaba y que el ojo pegaría exactamente en nuestra ciudad. Los preparativos se hicieron y abrimos el templo para todas las personas que quisieran ahí refugiarse, muchas aceptaron y tomamos la oportunidad para testificarles de Cristo y hablarles de la Palabra del Señor.

"Celia", golpeó con fuerza. La casa pastoral que estaba al lado del templo sufrió daños de consideración, pues se cayó completamente la mitad de la casa y el resto quedó semi destruida por la cantidad inmensa de lluvia y el huracanado viento, los muebles y más quedaron inutilizados, pero una cosa maravillosa sucedió: después de ese golpe terrible, el viento se calmó y también la lluvia, había un silencio precioso y se podía ver un cielo casi limpio, pero eso sería solamente por minutos. La advertencia era que estábamos en el ojo del huracán, en pocos minutos volvería a golpear, pero ahora los vientos serían contrarios.

Mi testimonio es que, aunque al anexo sufrió muchísimos daños y también el templo, nuestro Dios estaba con nosotros para cuidarnos, cumpliendo así su promesa: *"No te dejaré, ni te desampararé"*, *"Tomen ánimo, que yo estoy con ustedes"*.

La casa de Dios nos sirvió como refugio para todos, incluso para aquellas que, mientras todo estaba en paz, no aceptaban nuestras invitaciones, pero ahora estaban refugiándose y viendo la poderosa mano de Dios manifestándose con nosotros. Ahora en el templo había una gran congregación que se unieron a nosotros mientras orábamos y escucharon de la Palabra de Dios. ¡Al fin vimos lleno el templo!

<u>Sexto</u>: Durante la Asamblea de Distrito celebrada en 1968, en San Antonio, Texas, recibí las órdenes como Presbítero de la Iglesia del Nazareno, ceremonia que presidieron el Superintendente General Dr. George Coulter y el Superintendente de Distrito, el Dr. Everett D. Howard; Secretario de Distrito, Rev. Cecilio Velázquez. Los otros ministros que serían ordenados fueron: Rev. Herelín Fuentes, Rev. Héctor Raygoza, Rev. José Cardona, Rev. Bernabé Muñoz, Rev. John Hall Jr. y un hermano más que no recuerdo su nombre (por ello pido perdón). Por este medio saludo a cada uno de ellos.

Es verdad, el hecho de que Dios nos haya llamado a su servicio en el ministerio no significa que no pasemos por situaciones difíciles. Es más, la persona que le sirve a Dios por amor y obediencia, sin búsqueda de fama o fortuna experimenta momentos difíciles también. Es sabio repetir lo que otros grandes hombres de Dios han dicho con suma sabiduría:

El ministerio no es una profesión como muchos han querido creer y enseñar. Al ministerio se llega por vocación. Servir a Dios es en respuesta al llamamiento divino a nuestras vidas y nunca jamás a la sugerencia o presión de alguna persona. El ministerio no se ejerce por herencia ni en búsqueda de nombre y fama o prestigio. No, nunca jamás, quien así piense o pretenda, será un fracaso y una gran vergüenza para el mismo, para su familia y para el evangelio. El llamamiento a servir a Dios es el más alto privilegio que un ser humano puede recibir. Es Dios el que llama y por ello es a Él a quien se le responde, esta respuesta debe hacerse con un corazón dispuesto a servirle por el resto de la vida. Carlos Spurgeon dijo: "Si Dios te llamó a ser su siervo, no te humilles a ser rey".

Nuestro ministerio en Corpus Christi, Texas, después de ser tan bendecido, llegó el día en que el Superintendente de Distrito me envió a predicar un domingo a Laredo, Texas. La iglesia, después de haber tenido muy buenos pastores, entre ellos los pastores Rev. Leo Flores y Rev. Héctor Raygoza, se había quedado sin pastor. En ese mismo domingo la Junta de la Iglesia me extendió la invitación para ser el pastor de esa linda congregación. La verdad, fue muy difícil dejar a nuestros amados hermanos de Corpus, y después de cinco años de ministerio en esa ciudad, salimos dando gracias a Dios por las victorias allí concedidas.

No cabe duda de que Dios nos guio en esta nueva tarea a la que Él nos llamaba y aceptamos. Empezamos a trabajar con nuestros amados hermanos de Laredo que nos recibieron con mucho amor. Entre las actividades estaban nuestras campañas de evangelismo, los departamentos de la iglesia necesitaban un nuevo impulso y se logró, y debido al crecimiento de la congregación y al deterioro del templo y el anexo de salones de clases, lanzamos una campaña de promesas de fe para extender el templo arreglando la calefacción y poniendo unidades de aire acondicionado en los salones de clases y arreglar el techo del anexo.

No fue fácil. El costo era alto, pero con la ayuda de Dios y la buena disposición de la congregación se logró hacer todo ese trabajo. El mismo contratista, al ver el esfuerzo de la congregación se ofreció a pintar el templo poniendo él mismo toda la pintura y todo el trabajo. Y para la gloria de Dios celebramos un servicio muy especial de re-dedicación del santuario y anexo con la presencia del contratista y sus trabajadores y muchas personas más de la comunidad. Fue una verdadera fiesta espiritual llena de alabanza a Dios y con música especial. Cantó el coro de la iglesia acompañado por la organista Mary Wilkingson, quien tocó un órgano que un hermano regaló a la iglesia. Y en el piano la Hna. Emma González y dirigido por nuestro buen hermano Bonifacio Fraustro.

Se presentó el mensaje de la Palabra de Dios y en seguida se procedió a la re-dedicación del templo. Luego pasamos al anexo y se sirvió una muy sabrosa comida preparada por las hermanas de la congregación. Gloria a Dios por las almas alcanzadas y por darnos la sabiduría y disposición para llevar a cabo esta tarea tan hermosa. Recordamos a hermanos muy amados quienes con su fidelidad y fiel testimonio al Señor en sus vidas, fueron un gran apoyo a nuestro ministerio. Recordamos a cada uno de ellos, sus ministerios y área de servicio a Dios. Les puedo decir que les guardamos en nuestro corazón un gran amor y gratitud. Nuestro deseo es que Dios siga bendiciendo esa linda congregación.

Durante nuestros siete años de ministerio entre nuestros amados hermanos de esa congregación, fuimos testigos de almas salvadas y de cómo nuevos hermanos mostraban gran disposición de servir a Dios en nuestras escuelas bíblicas de vacaciones. También un buen grupo de jóvenes y familias asistíamos a los campamentos de distrito y la congregación llegó a ser una de las sobresalientes en crecimiento y evangelismo del distrito.

Nuevas bendiciones: Dios nos bendijo en el hogar con dos nuevos hijitos: Primero un hermoso varoncito al que pusimos por nombre Carlos David, y después de unos cinco años otra hermosa pequeñita a quien pusimos por nombre Edna Annette. Mi esposa y yo damos gracias a Dios y alabamos su santo nombre por nuestros cinco hijitos. Hoy ellos ya con sus familias están sirviendo a Dios muy activos en sus congregaciones. Annette recibió el llamado de Dios al ministerio y, junto con su esposo, se graduaron del Seminario Nazareno en Ensenada, B. C. México. Y al presente están pastoreando una iglesia multicongregacional, bilingüe en la ciudad de Fort Wayne, Indiana. Nuestra oración es que Dios les siga bendiciendo con los varios ministerios que llevan a cabo en esa ciudad.

Por razones que uno desconoce, pero que están dentro de los planes de Dios, fuimos invitados a aceptar el pastorado de la Primera Iglesia del Nazareno en Oklahoma City, Oklahoma. Recuerdo que fue un viaje diferente de los demás cambios pastorales anteriores. Ahora venían con nosotros cuatro niñitas y un varoncito. Después de toda una aventura de viaje, llegamos a Oklahoma City. Fue grato ver que los hermanos nos esperaban, entre ellos el buen hermano Aurelio Guerrero, quien nos abrió la casa pastoral. Por cierto, la casa fue pintada dirigidos por el buen hermano Julio Regalado. Ese siguiente domingo los hermanos celebraron un servicio para recibirnos y mostrarnos su amor y hacernos saber que estaban muy contentos con nuestra llegada y que estaban dispuestos a apoyarnos en el ministerio que ahora iniciábamos aquí entre ellos.

Una de las primeras cosas que hicimos fue trabajar con la Junta Oficial arreglando la lista de la membresía de la iglesia, buscar a todos los prospectos y visitarles invitándoles a la casa de Dios y a aceptar a Cristo. Tuvimos clases bíblicas en hogares de familias que estábamos evangelizando.

Nuestro grupo de jóvenes, siempre se mostraron llenos de ánimo y con mucha disposición a servir y apoyar la iglesia y también a participar en todas las actividades, tales como ser maestros en la Escuela Bíblica de Vacaciones y Escuela Dominical. En las actividades de Distrito se destacaron por su disposición y asistencia.

Mucho nos bendijo una actividad que se inició en conjunto con la 1a. Iglesia Hispana de Dallas, Texas, donde eran pastores el Rev. Martín y Virginia Hernández. Su hijo Abiel era el presidente de jóvenes en su iglesia local, y estuvimos de acuerdo en celebrar servicios unidos cada tres meses. Ellos venían a nuestra iglesia un viernes por la noche, teníamos juegos y actividades el sábado, y nuestro esgrima bíblico en un libro de la Biblia antes acordado. Y clausurábamos con un servicio de alabanza y predicación. Tres meses después estaríamos nosotros en Dallas y teníamos las mismas actividades allá. Nuestros templos se llenaban y era verdaderamente una actividad preciosa y de mucha bendición a nuestros jóvenes y a las dos congregaciones. Nunca olvidaremos cómo Dios nos bendecía abundantemente con esas actividades.

Una de las experiencias que han dejado una huella muy profunda en mi vida, fue que al estar en el hospital el miércoles 31 de octubre de 1984, por la tarde, visitando a una hermana que estaba muy enferma, recibí una llamada que resultó ser una de mis hijas, dándome la triste noticia que mi padre, el Rev. Lauro Sol, había pasado esa tarde a las moradas eternas con su Señor. Fue una noticia fuerte, me dolió y confieso que nunca en mi vida la olvidaré. Mi mejor amigo, mi mejor ejemplo y testimonio como buen padre, mi consejero ya no estaba con nosotros. Pero qué grato era tener la seguridad de que ahora descansaba en los brazos de su Salvador, al cual conoció, amó y sirvió fielmente por más de 50 años.

Escuchaba desde joven que un pastor debería ser un buen amante del estudio, además: músico, plomero, pintor, albañil, jardinero, chofer, etc. Y es verdad, ya que, aunque uno no es experto en tales especialidades algunas veces debemos ser los primeros en tomar acción para llevar a cabo esas tareas. Entre varios hermanos de la iglesia llevamos a cabo ese muy interesante trabajo. Qué satisfechos quedamos y alabamos a Dios cuando esa tarea se terminó. Y qué hermoso es cuando todos por amor a Cristo se entregan a llevar a cabo tareas que a veces pensamos que son imposibles. Alabo a Dios por esa y muchas otras experiencias hermosas que tuvimos en nuestro ministerio en esa amada congregación.

Cinco años preciosos de servicio a Dios en esa muy amada congregación, siendo parte integral del amor y sentimientos de estos muy amados hermanos. Alegrías, tiempos de dolor al ver partir con el señor a hermanos que aprendimos a amar. Y a la vez, gozarnos con tiempos maravillosos al ver nacer una nueva generación de bebitos y dedicarlos al señor. Celebrar ceremonias de matrimonio, como en cada uno de mis pastorados anteriores y posteriores. Ser testigo de cómo nuevas personas venían a los pies de Cristo y le aceptaban como Salvador personal y celebrar con alegría el bautismo de éstos nuevos creyentes. Todo ello alegra el corazón y nos hace saber vez tras vez que nuestro trabajo no es en vano. ¡Gloria a Dios!

Una bendición más, en la Asamblea del Distrito Latinoamericano Central, en San Antonio, Texas, con fecha 26 de abril de 1974. Mi esposa, Edna Sol, fue ordenada Diaconisa

Consagrada en la Iglesia del Nazareno (antes no se ordenaba como presbítero a las damas), por el Superintendente General, Edward Lawlor, y el Superintendente de Distrito, Dr. Everette D. Howard, Secretario de Distrito, Rev. Cecilio Velásquez.

En ese tiempo, recibí la invitación del Coordinador Hispano del Distrito Americano de Los Angeles, el Rev. Alfredo Cortés y del Superintendente del Distrito Dr. Paul Benefiel para ir a Los Angeles y predicar en la Primera Iglesia Hispana de ese distrito americano. La visita se realizó, tuvimos un hermoso servicio y en seguida la Junta Oficial de esa congregación platicó conmigo para extenderme la invitación a ser pastor de esa congregación.

En noviembre de 1986, nos despedimos de nuestra congregación de Oklahoma City, en un servicio especial dando gracias a Dios por todas las bendiciones que había derramado entre nosotros durante nuestros cinco años de ministerio en esa ciudad y, a la vez, dimos gracias a Dios por los 18 años de ministerio que nos había permitido servirle en el distrito Central Latinoamericano, que comprende Texas y Oklahoma. Nuestro primer servicio de adoración en nuestra nueva congregación, la Primera Iglesia Hispana del Distrito de Los Angeles, sucedió ser el Domingo de Acción de Gracias. Se celebraría un servicio unido de las cuatro congregaciones que adoran en las mismas instalaciones, en cuatro santuarios. La congregación americana, bajo el pastorado del Dr. Ron Benefiel, la congregación coreana, pastoreada por el Rev. Kim, la filipina, pastoreada por el Dr. Caiglet y la Hispana que pastoreaba interinamente el Rev. Alfredo Cortés (el buen hermano, Rev. David Estrada había dejado el pastorado por razones de salud), el Dr. Ron Benefiel, de una manera muy amable y con su gran espíritu cristiano, presentó a mi esposa y a mis hijos.

Fue un tiempo maravilloso. El santuario estaba completamente lleno. El Espíritu de alabanza era precioso, y estoy seguro de que la expectativa de los asistentes con relación al nuevo predicador-pastor era sumamente alta. Mientras, yo suplicaba a Dios que me ayudara e iluminara para entregar el mensaje de su Palabra. El sermón sería traducido al inglés, al tagalo y al coreano. Verdaderamente una experiencia jamás antes vivida. Pero Dios nos ayudó y nos gozamos en la Palabra.

Esta fue la hermosa y feliz recepción de nuestros hermanos de la Primera Iglesia en Los Angeles. Después me di cuenta de que en ocasiones especiales se celebraban este tipo de servicios combinados, y dependía de quien fuera el predicador, se traducía a los demás idiomas. Verdaderamente experiencias inolvidables, que mostraban el gran espíritu de amor y espíritu cristiano entre todas las nacionalidades. ¡Maravilloso es el Señor! Este era y sigue siendo el espíritu y relación de esa hermosa iglesia.

A dos años de haber iniciado nuestro ministerio en esa hermosa congregación, dando nuestro amor y servicio a nuestros hermanos de varios países que componen esa congregación, fui llamado a la Oficina del Distrito para que el Superintendente de Distrito, el Dr. Paul Benefiel, me hiciera saber que el Rev. Alfredo Cortés había aceptado otra asignación y dejaría su ministerio como coordinador del distrito, por ello, él, como superintendente había propuesto mi nombre para asumir la posición de Coordinador Hispano del Distrito, y la Junta Consultora lo había aprobado por unanimidad.

De esa manera, nos despedimos de nuestros hermanos de la Primera Iglesia y asumí mi nueva responsabilidad distrital.

Al escribir estas memorias, digo: Dios quiera que los tiempos difíciles por los que la Iglesia está pasando nos haga reflexionar y tomemos la decisión correcta y decidida de amar, obedecer y servir a Dios como nunca antes. Que los llamados al ministerio cumplamos con gozo nuestra tarea. Las cosas materiales, el buen trabajo, la comodidad del hogar, las diversiones y distracciones de este mundo sean quitados de nuestra vida para llegar a una experiencia plena, fiel y consagrada a Dios.

Desde lo profundo de mi corazón agradezco éstas y muchas otras experiencias que me han ayudado en mi vida cristiana y en mi ministerio. Reconozco mis muchas limitaciones, pero quiero reconocer el gran amor de Dios, en haberme llamado a este santo ministerio. Alabo a Dios, porque a mi amada esposa, Edna, Dios también la llamó para su servicio y le dio la oportunidad de prepararse para el ministerio. Jamás hubiésemos pensado que Dios nos daría estos privilegios, que consideramos también responsabilidades.

Pero la Gracia de Dios es más que suficiente para guiarnos y darnos un lugar de servicio. A la vez, Dios en su misericordia y sabiduría puso en nuestro ministerio a hermanos con quienes aprendimos a unirnos en el amor de Cristo para llevar a cabo esta tarea hermosa. Sí, es cierto, se tuvo que trabajar fuertemente, se tuvo que invitar con amor e insistencia a algunas personas para que se dieran cuenta de que Dios estaba delante de nosotros para guiarnos y darnos sabiduría para que todo lo que se hiciera fuera para la gloria de su Santo Nombre y la edificación de nuestras vidas y de muchos más.

Pasamos por ciertos momentos fuertes y difíciles, pero mayores fueron las victorias alcanzadas y por ello seguimos adelante en su nombre. Estos fueron años de ricas bendiciones y crecimiento en nuestras iglesias. En 1998, tuve el privilegio de ser invitado a enviar parte de mi resumen a la publicación llamada "Quién es Quién en Religión" (*Whos'who in Religion*).

Todo lo que hasta aquí he narrado forma parte de nuestro ministerio y memorias muy hermosas, que estoy seguro que no solamente están en mi mente y corazón, pero creo que en los corazones de pastores que colaboramos juntos y congregaciones que con gran alegría y ánimo se unieron en esos años a ésta sagrada misión.

En diciembre de 2003, alcancé mi título de Doctor en Teología, en la Universidad del Nuevo Pacto Internacional (New Covenant Internacional University), del estado de la Florida.

La razón de prepararme mejor, era con el propósito de ayudar a jóvenes interesados en la preparación ministerial en todos estos años de servicio, y los años que tenga más la oportunidad de servir a Dios.

Reconozco que en muchos distritos americanos quizá se ha trabajado de diferente manera. Usando otros métodos de servicio a Dios para alcance a la comunidad de habla hispana. Entiendo que el propósito es el mismo, alcanzar almas para Cristo y esa siempre debe ser nuestra meta, pero doy gracias a Dios por la manera en que nuestro buen Dios nos guio en trabajar de esta manera. Vimos victorias preciosas. Servicios maravillosos, campañas de santidad y de evangelismo con ganancia de almas y un amor y unidad entre pastores y congregaciones inigualable.

Al salir del distrito de Los Angeles, confieso que lo hicimos con mucho dolor. Fue una decisión inesperada de parte del Superintendente del Distrito, Dr. Bowman. Me felicitó y agradeció todo lo hecho, pero según me dijo, ahora tomaría un nuevo rumbo la manera de ministrar con la persona que vendría a ser ya no coordinador, sino facilitador para todas las congregaciones del distrito. Y ya la historia a esta fecha está escrita. Yo no tengo nada que agregar. Salimos agradeciendo a Dios la oportunidad y bendición de servicio y por todas las maravillosas experiencias adquiridas, y esperando que la nueva puerta que Dios abriera la tomaríamos para seguir sirviéndole con alegría de corazón. Y nos despedimos de nuestros amados hermanos pastores en el último retiro de pastores celebrada en la Universidad Nazarena de Point Loma, San Diego, CA. Diciendo adiós a nuestro amado distrito.

Dios habría de abrir una nueva puerta como lo ha prometido, y puesto que fuimos llamados por él, estábamos dispuestos a ir y hacer lo que nos llamara a hacer, siempre teniendo en mente la hermosa declaración del apóstol Pablo a los hermanos de Roma, *"A griegos y a no griegos, a sabios y ni sabios, soy deudor, así que, en cuanto a mí, estoy pronto para anunciar el evangelio también a vosotros que estáis en Roma" (*Romanos 1:14-16).

Nunca nos imaginamos que Dios abriría las puertas en el estado de Arkansas. El Superintendente de Distrito, Dr. David G. Roland nos llamó y nos extendió la invitación a abrir la obra hispana en el distrito Norte de Arkansas. Tal y como Pablo, aceptamos y llegamos a un campo virgen en cuanto al evangelismo para los hispanos. Dios, guiando al Dr.

Roland y poniendo esta carga en su corazón, guió al distrito para lanzarse a esta nueva obra misionera hacia los hispanos dentro de su mismo territorio. Un nuevo reto se presentaba ante ellos, y ahora ante nosotros. Nosotros, convencidos de que Dios es el que llama a los hombres y ellos son los que responden, nos quedamos maravillados de cómo Dios por su gracia nos llama.

Con la ayuda de Dios aceptamos ir a Arkansas. Llegamos a la ciudad de Springdale, Arkansas. Dios nos bendijo desde nuestra llegada. La congregación americana de la ciudad nos recibió muy gustosamente. Empezaríamos con nuestra propia familia. Por ser muy pocas las personas de habla hispana, había que trazar una estrategia para conocer y darnos a conocer, ganarnos la confianza para evangelizar. Mi hija menor Annette sería estudiante en la Junior High y deseaba jugar soccer en el equipo, se inscribió, pero al no haber entrenador para el equipo, la escuela me invitó a mí para tomar esa responsabilidad como voluntario. Esa era una puerta abierta, pues conocería a los jovencitos y podría ir con libertad a la escuela. Mi yerno Fernando y mi hijo Carlos Jr., me ayudaron y eso nos sirvió como introducción a varias familias hispanas. Empezamos a celebrar reuniones en el templo y el 3 de marzo de 1997, recibimos a 24 miembros en plena comunión, en un servicio maravilloso con la participación del coro de la iglesia americana y el sermón por el superintendente de distrito Dr. David G. Roland. Era maravilloso ver lo que Dios estaba haciendo entre nosotros. Ese sería el principio de muchas cosas maravillosas más en el distrito. En 11 años de ministerio y pastoreando la primera iglesia, con la ayuda de los hermanos, se abrieron cuatro nuevas congregaciones.

Debido a que parte de nuestra tarea era abrir misiones, también sabíamos que necesitábamos preparar buenos líderes y obreros para atender esas nuevas misiones/iglesias que serían sembradas. Por ello, con la aprobación de la Junta de Estudios Ministeriales de distrito, iniciamos nuestro centro de estudios ministeriales en español. Mucha fue nuestra alegría al ver la respuesta de hermanos que deseaban prepararse, no solamente de nuestra iglesia, pero también del distrito de Joplin, Missouri, agradezco a los hermanos que aceptaron venir a ayudarnos como profesores: Dr. José C. Rodríguez, Giovanni Monterroso, Rev. Ciro Cruz, Rev. Mario García y Rev. Leonel de León, Rev. Roberto Moreno Jr., etc.

Rogers, Arkansas: Agradecemos el apoyo del Rev. Alan Johnson pastor de esa iglesia en julio de 2001. Empezamos visitando a la comunidad e invitando para la celebración de una escuela bíblica de vacaciones, dirigida por la Hna. Edna Sol y con maestros ayudantes de entre los mismos maestros de nuestra iglesia en Springdale. Por tener a muchos de los padres de los niños, tomamos la oportunidad de dar algunas clases también a los padres. De esa manera empezamos esta misión con una asistencia de más de 100 niños.

Van Buren, Arkansas. Por invitación del Rev. Galen L. Mason, en julio de 2000, se inició la obra hispana en esa ciudad histórica de Van Buren. Nuestro trabajo y visitación tenía que ser intensa y lo mismo fue empezar con los servicios los domingos por las mañanas, de manera que la congregación creció tanto que fue necesario llamar a un pastor. Se invitó a un miembro de la Iglesia de Springdale para ser el líder, por lo cual se invitó e instaló al Rev. Mario García. Esa congregación se organizó oficialmente como iglesia, recibiendo oficialmente 26 miembros fundadores, el 8 de julio de 2001, con un hermoso servicio dirigido por este servidor como coordinador de distrito y la predicación y declaración oficial por el Superintendente de Distrito Dr. David G. Roland.

Iniciamos la obra en la ciudad de *Fort Smith, Arkansas*. Gracias a Dios, y al amor hacia el pueblo hispano, del pastor, de la Iglesia Trinity de esta ciudad Rev. Lynn y Kay Johnson, quienes nos ayudaban a buscar a los hispanos para invitarles a las reuniones en el templo. Se celebraron reuniones invitando a los niños de la comunidad y de esa manera se empezaron los servicios, de manera que fue posible empezar a celebrar servicios de enseñanza bíblica y adoración de manera que se llamó al Rev. Ciro Cruz, quien aceptó venir como pastor de esta nueva congregación.

Paragould, Arkansas. En esta ciudad, al noreste del estado, una familia nazarena mexicana, la Hna. Dora Rodríguez y familia, que asistían a una congregación americana, sintió el deseo de empezar un grupo de estudio bíblico con los hispanos de esa comunidad, Para ello, se comunicaron con la oficina de distrito, y después de hablar con el pastor Rev. Troy Mackey, estuvo muy feliz en apoyarnos para empezar oficialmente el trabajo hispano en sus instalaciones. Visitábamos regularmente a estos hermanos y nos gozábamos con ellos. Nuestro deseo siempre fue que esa misión llegase un día no muy lejano a convertirse en una iglesia debidamente organizada.

Llegó el día de decirles hasta luego a los amados hermanos de Arkansas, después de 11 años de ministerio en ese estado, los mismos que desde el inició pastoreamos la Primera Iglesia en Springdale, y que Dios nos permitió sembrar la semilla en las otras ciudades, donde vimos germinar la Palabra de Dios sembrada,

El Distrito Noreste de Indiana, a través de su superintendente de Distrito, Rev. David G. Roland, nos invitó para llevar la tarea de iniciar la obra hispana en su distrito. Con gusto aceptamos.

Nuestro Ministerio en Indiana

INICIAMOS NUESTRO MINISTERIO EN FEBRERO DE 2007, en la ciudad de Fort Wayne. El pastor, Rev. Charles and Carla Sundberg, pastores de la Iglesia Grace Point, nos recibieron muy amablemente. Fuimos recibidos como miembros de la iglesia mi esposa y yo, y mi yerno Javier y Annette su esposa, quienes decidieron ir con nosotros y apoyarnos en ese nuevo ministerio. Se nos preparó una oficina y un salón para iniciar nuestras reuniones. Nuestra tarea era visitar e invitar a los hispanos a asistir a las reuniones que se iniciarían en el templo.

Después de unos meses y ya con un lindo grupo de creyentes y simpatizantes, al pastor Javier se le nombró pastor del grupo hispano, como miembro del "staff" de la iglesia, pero debido a que la iglesia americana del sur de la ciudad "New Vision Church of the Nazarene" pasaba por situaciones muy incómodas, decidió el distrito que se cerrara y se cedieran esas instalaciones a nosotros los hispanos para que fuera nuestro centro de actividades y que la congregación hispana se mudara al sur de la ciudad. Después de mucho trabajo de reparación y reconstrucción de la casa pastoral, los pastores Javier y Annette se mudaron a esa propiedad. Para ello, primero se le llamó, Grace Point South, Iglesia del Nazareno, pero después se le cambió a "Iglesia de todas las naciones", ya que es una congregación multinacional y se compone de hermanos de color, hispanos y anglos. Sus servicios son completamente bilingües. Es una iglesia creciente y con un espíritu netamente misionero, con varios ministerios para el bien de la comunidad.

<u>New Paris, Indiana.</u> En esa ciudad al noroeste del estado, se reunía un grupo de hermanos independientes, dirigidos por un laico sin instrucción teológica en las instalaciones de la iglesia americana de esa ciudad, siempre prometiendo que un día se unirían a nuestra denominación. Por ello pensamos ofrecerles que conocieran nuestras doctrinas y lo hicimos, haciéndoles saber que si después de conocer de nuestra iglesia, sus doctrinas y gobierno así decidían, serían muy bienvenidos. Pero en lugar de ello, el líder se retiró y poco a poco sus seguidores hicieron lo mismo. Gracias a Dios, por el amor del pastor americano hacia los hispanos, Rev. Donald Miner, nosotros continuamos nuestra labor evangelizadora y pronto teníamos una hermosa congregación. Iniciamos clases para preparar líderes y varios hermanos de la iglesia local se inscribieron. Qué alegría era verles que con gran interés asistían a las clases aún bajo nevadas o a pesar de las inclemencias del tiempo. Dios nos dio como líderes de esta congregación a nuestros finos hermanos Claudia y Javier López, quienes hicieron un excelente trabajo. En esa ciudad, Dios nos abrió la oportunidad de tener un programa de radio, "La Hora Nazarena", desde Goshen, Indiana. Alcanzamos las ciudades del noroeste de estado y el sur de Michigan.

<u>Bluffton, Indiana.</u> Debido a que el pastor de la iglesia americana de esa ciudad, Rev. Larry A. Sheets, deseaba que

se empezara una obra hispana en sus instalaciones, dos hermanas americanas empezaron a dar clases de inglés para los trabajadores inmigrantes en esa ciudad. Las clases se daban los domingos por la mañana y, a la vez, las clases servían para evangelizar a los hispanos e invitarlos a que se quedaran para la hora del servicio dominical. Al llegar nosotros con el propósito de iniciar la obra hispana empezamos a tener clase dominical y en seguida iniciamos nuestros servicios de adoración, en una capilla que la congregación americana acondicionó de una manera hermosa para la realización de nuestros servicios.

<u>Goshen, Indiana</u>. En las instalaciones de la iglesia americana, Crossroads Communitty Nazarene Church, en la ciudad de Goshen, un miembro de la congregación, puertorriqueño, el buen hermano Sam Moreno, sintió el deseo y quiso iniciar una clase bíblica dominical en español, y el pastor Rev. Dan Cole aprobó y prometió apoyar tal proyecto. Dos meses después, el 10 de febrero de 2008, celebramos el primer servicio formal, en el que iniciamos oficialmente la obra hispana en esta ciudad. Estuvimos asistiendo para ayudar y respaldar ese nuevo ministerio todos los domingos por la tarde. Para abril de 2009, se invitó al hermano que es el actual pastor de esa congregación, Hno. Samuel Que. En seguida la congregación americana compró otra propiedad que se acondicionó a donde se trasladaron nuestros hermanos hispanos. Qué gozo era visitarles y llevarles la Palabra de Dios en sus lindos servicios de alabanza y adoración.

<u>Anderson, Indiana</u>. La misión en esa ciudad dio principio después de una plática exploratoria que tuvimos con el pastor de la iglesia americana, el buen hermano Rev. Gary L. Cable,

quien nos hizo saber que ellos deseaban se iniciara un ministerio hispano en su iglesia. De hecho, ellos tenían un ministerio de compasión en el que ayudaban a un grupo de hispanos. Nos unimos a ese esfuerzo, llegando el día que la iglesia desarrollaba ese ministerio. Bajo esa premisa, empezamos a salir a visitar esa ciudad buscando a los hispanos e invitarles a conocer de la Palabra de Dios. En algunos hogares nos permitieron presentar el evangelio y, en seguida, iniciamos en un salón de la iglesia nuestras primeras reuniones de adoración. Empecé a enseñar algunos coros, acompañando con el teclado que nos facilitó la iglesia. A la vez, mi esposa enseñaba a los niños y nosotros atendíamos a los adultos.

Dios nos bendijo de una manera especial, ya que nos envió a una pareja americana que habían sido misioneros en algunos países de la América Latina, nuestros amados hermanos David y Bárbara Wilson, quienes nos empezaron a ayudar también con los niños y con los cantos en la congregación. El Hno. David con su acordeón con el cual nos acompañaba de manera hermosa con la música, y también con algunas clases dominicales y sermones.

Debido al crecimiento de esa congregación, llegó el momento de la necesidad de un pastor de manera oficial y, para ello, este servidor, como coordinador hispano del distrito, tuve dos entrevistas con el Hno. Elías Cabello y conocimos a su familia. Después de haber sido miembro de la congregación de New Paris y con preparación ministerial, le extendimos la invitación la cual aceptó. De esa manera, el buen hermano Elías y su esposa Liliana Cabello y familia se trasladaron de Ligonier, Indiana, a vivir a la ciudad de Anderson y tomar el pastorado de esa congregación. El domingo 6 de septiembre de 2009, en un servicio unido de la congregación americana con el grupo hispano, fue presentado por el Coordinador Hispano, Dr. Carlos David Sol, e instalado como pastor oficial para la obra hispana por el Superintendente de Distrito, Dr. David G. Roland. Después de que el pastor Elías Cabello terminó sus estudios requeridos para ordenación en el centro de estudios ministeriales fue ordenado al sagrado ministerio en la Asamblea de Distrito, en mayo de 2013. Y nuestro buen hermano Elías sigue llevando adelante la obra de Dios en esa ciudad.

<u>La Grange, Indiana</u>. La iglesia americana había cerrado sus actividades hacía más de un año al tiempo que llegamos; encontramos un templo cerrado que necesitaba atención adentro y afuera. Iniciamos mi esposa y yo orando y trabajando para poner en condiciones el santuario y trabajando en la propiedad que necesitaba también muchísimo trabajo. Además, buscábamos a los hispanos que vivían en esa ciudad. La casa pastoral también necesitaba mucho trabajo. Dios nos ayudó a hacerlo, y en los días que lo realizábamos también iniciamos la amistad con los vecinos a quienes invitamos a la casa para conocernos mejor. Mi esposa preparaba algunos pastelillos, café o algo más que tomar y mientras teníamos estas reuniones les hablábamos de la razón por la que estábamos ahí, y les presentábamos el evangelio.

De manera maravillosa, una dama nos llamó por teléfono pidiéndonos información sobre la apertura e inicio de los servicios en español. Esa hermana, María Collins, después de una hermosa conversación mostró mucho interés de asistir y apoyar ese ministerio. Ella misma nos llevó a la casa de su hermana para conocerla, la Sra. Celia Reyes y a su esposo

Salvador y familia. Después de una muy interesante conversación y de contestar algunas preguntas, prometieron asistir a los servicios que pronto iniciaríamos. Esos hermanos nos presentaron a otros familiares y amigos a quienes también invitamos asistir a la casa de Dios.

El domingo 2 de mayo de 2010, después de tres meses de viajar a esa ciudad desde Fort Wayne, celebramos nuestro primer servicio de adoración en el santuario con una asistencia de 21 personas. El sábado 10 de octubre, el Superintendente y su esposa, Hna. Cheryl, nos visitaron, trayendo el sermón y haciendo la declaración oficial de esa nueva congregación como iglesia organizada. La asistencia ese día fue de 38 personas.

El domingo 23 de ese mismo mes de octubre el Rev. Andy Dayton, pastor de la iglesia americana de Shipshewana, llevó a un grupo de trabajo a nuestro templo para llevar a cabo trabajos de reparación, pintaron los salones de clases de escuela dominical y arreglaron el sistema eléctrico. Fue un trabajo fuerte. Agradecimos de todo corazón a esos finos hermanos y a su pastor el Rev. Dayton

El domingo 8 de enero de 2012, en un servicio unido en el templo de la congregación americana de Shipshewana, el coordinador hispano del distrito presentó al superintendente de distrito a 16 hermanos para ser recibidos como los primeros miembros de la Iglesia de La Grange, Indiana. Fue un servicio maravilloso de alabanza al Señor.

Expreso también mi gratitud a Dios por el privilegio que me dio, de participar por algunos años con el grupo de la Estrategia Hispana Estados Unidos y Canadá. Me fue de mucha bendición e inspiración escuchar de la sabiduría de otros miembros con mayor experiencia, así como aportar de mi pensamiento y anhelo para el bien y el crecimiento de la iglesia. Entre esos líderes que pusieron las bases para que a través de los años siguientes se desarrollara una estrategia, estuvieron: Rev. Moisés Esperilla, Dr. Raymundo Z. López, Dr. José C. Rodríguez, Rev. José Pacheco, Rev. Alejandro Sandoval, Rev. Orlando Serrano, Rev. José Cardona, Rev. José González, Dr. Roberto Hodgson, Rev. David Estrada.

Agradezco a Dios la bendición que nos ha dado hasta el día de hoy, de haber recibido un buen ejemplo, como lo fue el de mis propios padres (Revs. Lauro y Ofelia Sol), quienes sirvieron a Dios en el pastorado y la enseñanza ministerial por más de 50 años. Ejemplo de líderes que han dejado una huella muy marcada en mi vida. Agradezco infinitamente a superintendentes tales como: El Dr. Everette D. Howard (Central Latinoamericano), Rev. Harold L. Hampton (Spanish East District), Dr. Paul Benefiel (L.A. District), Dr. David G. Roland (North Arkansas, and Northeastern Indiana District), y por muchos otros personajes, ministros y laicos que han enriquecido mi vida con su ejemplo de servicio, fidelidad y buen testimonio.

Al dejar con mucho dolor de nuestro corazón nuestro amado distrito Noreste de Indiana, regresamos a Arkansas, para vivir en Springdale, donde 16 años antes habíamos llegado para iniciar la primera Iglesia del Nazareno Hispana. Nuestra llegada nos hizo sentir que no podíamos estar con los brazos cruzados. Así que, al dialogar con el superintendente de distrito, el Dr. D. Randy Berkner, aceptó y estuvo de acuerdo con nuestra propuesta de iniciar una nueva obra hispana.

Platicamos con los líderes de la iglesia americana de la ciudad de Bethel Heights, quienes con tanto interés y amor nos recibieron. De esa manera el 11 de agosto de 2013, empezamos con la fe puesta en el Señor, quien nos llamó a su servicio y con la seguridad de que él alcanzaría las almas a quienes nosotros invitaríamos e introduciríamos a la verdad del evangelio. El 26 de enero de 2014, en un servicio especial, teniendo como predicador invitado al Superintendente de Distrito, el pastor presentó a 21 hermanos, que fueron recibidos como miembros en plena comunión.

En el 2015, por la gracia y el gran favor de Dios, mi esposa y yo celebramos nuestro Aniversario de Oro de matrimonio (13 de junio de1965), ceremonia que se llevó a cabo en la Primera Iglesia americana de la ciudad de Fayetteville, Arkansas, en la cual participaron nuestros cinco hijos con música especial y contando nuestra historia en fotografías. El Dr. David G. Roland, quien fuera nuestro superintendente en dos distritos, Arkansas e Indiana, fue el invitado especial para llevar a cabo la ceremonia de renovación de votos y dirigir la oración de bendición sobre nosotros. La recepción fue organizada por nuestros hijos quienes invitaron a todos a que asistieran.

El 12 de septiembre de 2016, sufrí un ataque al corazón, que requirió una cirugía de corazón abierto. Sí, es cierto, son momentos difíciles de dolor, pero testifico que por la misericordia de Dios la operación fue un éxito. Alabo a Dios porque en ningún momento hubo duda en mi corazón de que él estaba en mi vida y en medio de la situación. Dios verdaderamente escucha la oración de su pueblo, nos levanta y capacita para que sigamos siendo testigos de su amor y su gracia.

Nunca he creído que es fácil contar la historia, pero he querido compartir con usted, amado lector, lo que antes aquí he expuesto con estos propósitos en mente:

- **Darle la Gloria a Dios** por lo que ha hecho en nuestra vida.
- **Reconocer que solamente por su santa voluntad ha querido llamarnos**, como le puede estar llamando a usted a su servicio, dándonos la seguridad de que él nunca "nos dejará ni nos abandonará".
- **Para agradecer a mis padres, profesores, compañeros ministros y a muchísimos hermanos** que han sido de bendición e inspiración a nuestra vida y ministerio.
- **Para contar y presentar las maravillas que Dios** sabe y desea llevar a cabo entre nosotros los hispanos en este gran país. Considero, a la vez, que la historia nos llama y anima a lanzarnos en unidad a desarrollar un ministerio más agresivo y esperar mayores resultados.

Como nazareno mi oración y deseo es que Dios bendiga nuestra denominación y dé sabiduría a nuestros líderes. Que nuestras instituciones académicas preparen bien a ministros con un llamamiento claro y definido. Deseo que nuestros ministros sean personas de carácter, leales y de determinación al servicio. Pido a Dios que desde nuestros más altos lideres y cada pastor sirvamos a Dios en respuesta a un llamamiento divino siendo fieles a nuestras doctrinas, fe y conducta.

Mucho nos falta por hacer. ¡Ayúdanos, Señor! Y que la historia de tu iglesia se siga escribiendo con almas redimidas por tu preciosa sangre, que esos nombres se escriban con letras de oro en el libro de la vida en los cielos. Amén. ✟

Conclusión

NOS HAN INSPIRADO Y BENDECIDO LAS NARRACIONES de estos cinco fieles siervos de Dios en el ministerio del pastorado en Estados Unidos. Sus momentos difíciles, sus pruebas tanto en el ministerio como en su vida personal, nos comprueban que Dios jamás abandona a sus siervos fieles. Sobre todo, nos han contado la forma en que Dios les ha permitido influir sobre centenares de personas e iglesias en este gran país, Estados Unidos de América.

Oremos por estos cinco pastores influyentes que han dejado huella profunda en la historia del ministerio hispano en nuestra amada Iglesia del Nazareno. Oremos por nuestro pastor en turno. Oremos por los líderes de distrito y generales. Oremos para que seamos fieles al llamado divino, tanto en el ministerio como en nuestra vida, porque hemos sido "llamados a santidad".

Como en el caso de la reina Ester y en relación con el ministerio hispano en todo lo ancho y largo de este gran país, *"Si quedamos callados en este tiempo, el alivio y la liberación de los hispanos surgirán de otro lugar; pero tú y tu casa perecerán. ¡Y quién sabe si para un tiempo como este hemos llegado a USA!"* (Ester 4:14, paráfrasis de la redacción).

—*La Redacción*

www.ingramcontent.com/pod-product-compliance
Lightning Source LLC
Chambersburg PA
CBHW031451040426
42444CB00007B/1047